HISTOIRE MILITAIRE DU DUC DE LUXEMBOURG,

Contenant

Le détail des Marches, Campemens, Batailles, Siéges & Mouvemens des Armées du Roi & de celles des Alliés

EN FLANDRE;

Ouvrage dédié & présenté à S. M. Louïs XV.

PAR LE CHEVALIER DE BEAURAIN, Géographe ordinaire du Roi.

Nouvelle Edition plus correcte, & accompagnée des Cartes générales du Pays.

TOME SECOND.

Campagne de 1691.

A LA HAYE,
Chez BENJAMIN GIBERT, Libraire.
M D. C C L V I.

HISTOIRE MILITAIRE DE FLANDRE,

EN L'ANNÉE M. DC. XCI.

LE peu d'opposition que M. de Boufflers & M. de Villars avoient trouvé de la part des ennemis dans les courses qu'ils avoient faites pendant l'hyver du côté de Louvain & de Bruxelles, ainsi que dans le pays de Waes, donnoit assez à connoître le mauvais état & la foiblesse des Alliés dans les Pays-Bas. 1691.

M. de Louvois en étoit exactement informé. L'éloignement des Hannovriens & d'une grande partie des Hollandois, qui étoient retournés dans leurs pays pour y passer l'hyver, engagea le Ministre à proposer au Roi d'en profiter, en faisant le siége de Mons avant la saison où les armées entrent en campagne. Le Roi, après s'être fait rendre compte des préparatifs nécessaires pour une pa-

1691. pareille entreprise, & après avoir examiné les dispositions réglées par M. de Louvois, tant pour rassembler en peu de jours une forte armée devant cette place, que pour la subsistance des troupes & le transport des munitions, approuva son projet & en ordonna l'exécution.

En conséquence, M. de Louvois envoia le 26. Février à M. de Boufflers une instruction détaillée, & qui contenoit les dispositions les plus particulières & les plus essentielles. M. de Boufflers étoit chargé de faire faire aux troupes les mouvemens nécessaires pour investir la place. Il avoit à les distribuer dans les avenues & dans les postes des environs, à mesure qu'elles arriveroient pour les occuper. Il devoit faire tracer les lignes de circonvallation de concert avec M. de Vauban & M. de Chamlay, qui n'attendoient que la nouvelle de l'investissement de Mons pour se rendre devant la place.

Les ordres de la Cour devoient être communiqués à M. de Bagnoles & à M. Voisin, l'un Intendant de Flandre, l'autre Intendant du Hainaut, afin qu'ils pussent fournir les pionniers & préparer tout ce qui étoit nécessaire pour le transport des munitions & pour la subsistance des troupes, soit dans leur marche, ou pendant le siége.

M. Voisin avoit reçu pendant l'hyver un ordre secret de former à Maubeuge & entre Sambre & Meuse des magasins de foin assez considérables pour faire subsister pendant trois semaines 53. escadrons, en cas qu'il convint pour le service du Roi de les y assembler.

M. de Bagnoles, & M. Chauvelin, Intendant de Pi-

Picardie, avoient fait acheter ſur des ordres particuliers 1691.
1150000. rations de foin aux environs de la Scarpe & de l'Eſcaut.

M. de Mégrigny, Ingénieur & Gouverneur de la Citadelle de Tournai, avoit été conſulté ſur la navigation depuis Douai & Tournai juſqu'à Mons, parce que la plus grande partie des farines & des ſubſiſtances pour la cavalerie, ainſi que toutes les munitions de guerre, devoient être tranſportées par eau juſqu'à Condé, & enſuite remonter l'Haiſne par le moïen des écluſes. Il étoit le ſeul, à qui le ſecret de cette grande entrepriſe eût été confié. M. de Vigny, commandant l'artillerie, avoit rendu compte à la Cour de l'équipage qu'il pourroit former en cas de ſiége, & ſuivant l'Etat qu'il en avoit dreſſé, il ſe trouvoit à Douai, Tournai, Valenciennes & Condé 130. piéces de canon & 45. mortiers, ou pierriers.

Les Intendans de Lille, de Dunkerque, de Maubeuge & d'Amiens faiſoient état de fournir 21500. pionniers. Quant au nombre & à la diſpoſition des troupes, la Cour en avoit ordonné ce qui ſuit.

Il devoit y avoir devant Mons, y compris l'infanterie & la cavalerie de la Maiſon du Roi,

	51. bataillons.	77. eſcadrons.
Dans les villes & villages à portée du ſiége . . .		23. eſcadrons.
Entre Sambre & Meuſe . .		53. eſcadrons.
Sur la Lys, aux ordres de M. le Maréchal d'Humieres . . .	17. bataillons.	48. eſcadrons.

1691. A la garde des écluses de la Haisne . . . 2. bataillons.

A la garde des Lignes depuis l'Escaut jusqu'à la Lys . . . . . . 3. escadrons.

Total, 70. bataillons. 204. escadrons.

Les troupes, qui étoient reparties en quartiers d'hyver aux environs de la Scarpe & de l'Escaut, dans tout le Hainaut, sur la frontière de Champagne & dans les trois Evêchés, devoient se rendre devant Mons, ou à portée du siége. Celles, qui avoient leurs quartiers du côté de la mer, devoient s'assembler sur la Lys, afin de retenir les garnisons ennemies de ce côté-là, & de s'opposer à celles qui voudroient entrer dans le pays, soumis à la domination du Roi. La Cour avoit dessein de faire évacuer Furnes, Dixmude & Courtrai, & d'en enlever les palissades aussitôt que Mons seroit investi. Elle avoit aussi prévenu M. d'Harcourt, qui commandoit sur la Moselle, de pourvoir à la subsistance de 3000. chevaux sous Trèves pendant trois semaines. Il avoit ordre de les rassembler vers le 20. de Mars, afin de retenir au-delà de la Meuse les troupes de Brandebourg qui avoient leurs quartiers d'hyver dans le Pays de Juliers.

Telles étoient les dispositions générales que M. de Louvois avoit faites, & que le Roi avoit approuvées. M. de Boufflers suivit exactement les ordres pour la marche des troupes, & prit si à propos & si secrettement ses mesures, que Mons fut investi, sans que les ennemis s'y attendissent. Il chargea M. de Villars de ran-

ranger dans les avenues de la place, du côté d'Ath & d'Enghien, des troupes qui partirent de Condé, de Valenciennes & de Bouchain le 14. de Mars à l'entrée de la nuit, & auxquelles se joignit la cavalerie de Tournai & de Saint-Amand. Il fit en même tems investir la place du côté de Nivelle & de Charleroi par d'autres troupes qui y vinrent du Quesnoi, de Maubeuge & de Thuin, & qui avoient été renforcées par la cavalerie de Landreci & de Beaumont. 1691. MARS.

Le 15. de Mars M. de Boufflers & M. de Villars arriverent devant Mons avec 9. bataillons & 38. escadrons. Comme la garnison, forte d'environ 6000. hommes, ne s'étoit point opposée à l'investissement de la ville, on la resserra de plus près les jours suivans.

Les troupes & les pionniers arriverent successivement depuis le 15. jusqu'au 21. du mois. On traça les lignes de circonvallation, & on commença à former le parc d'artillerie derriere la hauteur de Bertamont, selon l'Etat ci-joint.

ETAT des Munitions de guerre, apportées & consommées au Siége de Mons.

PIECES.		*Munitions consommées.*
De 33.	10.	
De 24.	36.	
De 16.	4.	
De 12., dont 4. de nouvelle invention.	8.	
De 8., dont 8. *idem.*	36.	
De 4., dont 18. *idem.*	36.	
	130.	

1691. MARS.

Munitions, apportées au Siége de Mons.		Munitions consommées.
AFFUTS.		
De 33.	15.	
De 24.	50.	
De 16.	8.	1.
De 12., dont 5. de nouvelle invention.	12.	1.
De 8., dont 9. *idem.*	46.	3.
De 4., dont 9. *idem.*	46.	5.
	177.	10.
Avant-trains.	173.	12.
Chariots à canon.	39.	1.
BOULETS.		
De 33.	12000.	4840.
De 24.	50000.	27900.
De 16.	6000.	3182.
De 12.	4000.	2500.
De 8.	27433.	16233.
De 4.	15800.	3018.
	115233.	57673.
ARMES DES PIECES.		
De 33.	20.	3.
De 24.	66.	5.
De 16.	8.	
De 12.	14.	3.
De 8.	49.	21.
De 4.	49.	17.

MOR-

Munitions, apportées au Siége de Mons.		*Munitions consommées.*
MORTIERS.		
De 18. pouces.	2.	
De 12.	28.	
De 8.	14.	
	44.	
Pierriers.	8.	
AFFUTS À MORTIERS.		
De 18. pouces.	2.	
De 12.	28.	
De 8.	14.	
	44.	
Affûts à pierriers.	16.	
BOMBES.		
De 18.	106.	106.
De 12.	7500.	4580.
De 8.	2000.	1064.
	9606.	5750.
Balles à feu.	1950.	350.
Grenades.	40200.	3900.
Fusées à grenades & à bombes.	10093.	6342.
Fusées à grenades.	46100.	30500.
Petards de fonte.	2.	
Poudre.	990000.	597800.

Plomb.

1691. MARS.

Munitions, apportées au Siége de Mons.		Munitions consommées.
Plomb.	166000.	51600.
Mêche.	161700.	43300.
Hallebardes.	400.	7.
Armes à l'épreuve.	50.	8.

OUTILS À PIONNIERS.

Pics à hoyaux.	9222.	443.
Hoyaux.	15225.	4525.
Pics à croc.	550.	
Bêches.	20717.	5416.
Petards de bois ferrés.	7320.	
	53034.	10384.
Haches.	6000.	1580.
Serpes.	10000.	5413.
Outils à mineurs.	200.	
Outils à ouvriers.	32.	
Madriers.	1100.	600.
Piéces de bois.	106.	106.
Leviers.	350.	150.
Coins de mire.	120.	20.
Coussinets, ou gros coins de mire.	41.	21.
Hampes.	550.	502.
Chèvres.	9.	
Criqueballes.	4.	
Crics.	6.	
Tireboures.	12.	
Sacs à terre.	30000.	

Pier-

Munitions, apportées au Siége de Mons.		Munitions consommées.
Pierres à fusil.	20000.	
Souphre.	50.	5.
Salpêtre.	100.	52.
Therebentine.		
Vieux-oing.	600.	300.
Cire blanche.	5.	5.
Chandelle.	325.	105.
Flambeaux de cire jaune.	150.	51.
Peaux de mouton.	147.	116.
Piéces de toile à saucissons.	25.	25.
Lanternes claires.	25.	9.
Lanternes sourdes.		
Tamis.	4.	
Mesures à poudre.	23.	
Chaudières de fer à artifices.	2.	
Entonnoirs.	3.	
Maillets de bois.		
Baguettes pour charger fusées à bombes.	120.	33.
Baguettes de fer pour fusées à grenades.		
Gamelles de bois.	14.	14.
Egrugeoirs.	4.	3.
Aiguilles à coudre de toutes sortes.	200.	
Fil.	4.	$3\frac{1}{2}$.
Ficelle.	10.	4.
Vrilles.	24.	24.
Passe-boulets de cuivre de 12. 8. & 4.	3.	
Dégorgeoirs.		
Caisses à boulets.		

1691. MARS.

1691. MARS.

Munitions, apportées au Siége de Mons.		Munitions consommées.
Moufles de bois avec poutres.		
Harnois de limons.		
Bottes de cercles de toutes grandeurs.	6.	6.
Grils à rougir boulets.	4.	
Tringles de fer.	2.	
Cuillers de fer.	2.	
Sceaux de bois.	4.	
Villebrequins.		
Tirefonds.		
Crochets à bombes.		
Damoiselles.		
Enfonçoirs.		
Etoupes.	20.	
Métail.		

CORDAGES.

Cinquenelles.	10.	
Alongner.	32.	
Cables de chanvre.	2.	
Prolonges & travers.	581.	415.
Commandes.	589.	194.
Paires de traits.	565.	235.
Menus cordages.	120.	
Cordages de 40. brasses.		145.
Cordages de 6. brasses.	20.	
Bateaux de cuivre.	45.	
Hacquets.	50.	
Ancres.	20.	

Ca-

1691.
MARS.

Munitions, apportées au Siége de Mons.		Munitions consommées.
Cabestans.	8.	
Rames.	10.	
Crocs.	10.	
Fourches de fer.		
Maſſes de bois.	24.	
Piquets.	48.	
Caiſſons.	6.	
Etain.	50.	50.
Cuivre jaune.	40.	40.
Cloux de cuivre.	8.	8.
Forges complettes.	8.	8.
Fer en barreau.	2400.	2400.
V. Scies.	50.	
Acier.		
Limes.	4.	4.
Cloux de fer.	1025.	1025.
Rappe.	1.	1.
Cadenats.		
Raſières de charbon.	6.	6.
Chariots couverts.	6.	6.
Caiſſons.	6.	
Charrettes.	168.	9.
Aiſſieux de fer.		
Paires de roües de charrettes.		
Jantes.		
Aiſſieux de bois.		

1691. MARS. On jetta deux ponts sur l'Haisne, on fit des chaussées qui traverserent la prairie devant Gemappe, afin de faciliter la communication des troupes des deux côtés de cette rivière. M. de Mégrigny, aiant remarqué que l'on pouvoit détourner la Trouille qui fournit de l'eau aux fossés & aux marais de la place, ressource dont les ennemis pouvoient se servir avec avantage lorsqu'on seroit occupé à faire le passage des fossés, eut soin de rehausser la chaussée des grands moulins qui sont près de la ville, afin d'élever l'eau & de la faire tomber dans un canal qui devoit aboutir à la rivière d'Haisne.

Le 21. à midi le Roi arriva au camp, accompagné de M. le Dauphin, de tous les Princes, des Maréchaux de Duras, de la Feuillade & de Luxembourg. Tout se trouva prêt à l'arrivée de Sa Majesté par les soins de M. de Louvois, qui s'étoit rendu devant Mons deux jours auparavant.

Le Roi descendit à l'Abbaye des Dames de Besiam, où il prit son quartier. Quoiqu'il fût venu ce jour-là du Quenoi à cheval, il y remonta à trois heures après midi pour visiter les dehors de la place, dont il s'approcha de fort près.

Le 22. le Roi retourna encore visiter tous les postes. On fit le soir l'ouverture d'un boyau près du village d'Hiom, & on travailla à une batterie de trois piéces de canon (1) pour ruiner l'écluse & le moulin de ce village, où les ennemis avoient élevé une redoute. Cette batterie fut dressée en 24. heures.

Le 24. le Roi alla sur la Bruyère de Casteau reconnoître les endroits par où les ennemis pouvoient tenter

de

de secourir la place, & le soir la tranchée fut ouverte en présence de Sa Majesté. On se servit d'un chemin, qui alloit depuis le village de Quesné où étoit la gauche de l'attaque, au village d'Hiom où étoit la droite, pour en faire une parallele. La garde de la tranchée consistoit en six bataillons. Depuis ce jour jusqu'au 26. le travail fut poussé jusqu'au bord du marais, & on commença à creuser le canal qui devoit servir à détourner la Trouille.

1691. MARS.

Le 25. on travailla à trois batteries, savoir deux de canon, dont l'une de 20. piéces (2) fut placée à la droite près du village d'Hiom, & l'autre de 18. piéces (3) près du chemin de Bertamont. La troisième de 12. mortiers (4) fut dressée au milieu des deux autres.

Ce même jour le Roi alla jusqu'aux hautes & basses Estinnes reconnoître les postes que les ennemis pouvoient occuper de ce côté-là. La nuit suivante les Grenadiers du Régiment du Roi s'emparerent de la redoute du moulin d'Hiom, où ils firent quatorze prisonniers, sans perdre un seul homme.

Le 26. à dix heures du matin, toutes les batteries commencerent à tirer contre la place. M. le Dauphin, accompagné de M. le Duc de Chartres, y alla sur les trois heures après midi. La nuit suivante on avança le travail de la tranchée jusqu'à vingt toises du chemin couvert de l'ouvrage à corne, & on commença une nouvelle attaque du côté de la porte du rivage, à laquelle on mit un bataillon, tiré de la garde de la tranchée.

Le 27. le Roi avec toute la Cour se rendit à la tranchée.

1691. MARS. chée. La nuit suivante on se logea sur la crête du glacis de l'ouvrage à corne, & on s'étendit sur la droite jusqu'au fossé de la redoute. Cette même nuit le Roi ordonna de tirer mille boulets rouges, afin de fatiguer la garnison & d'exciter une révolte parmi le peuple, dont l'esprit y étoit fort disposé. En conséquence on plaça vingt piéces de canon sur la hauteur de Bertamont (5), derrière la batterie de la droite, lesquelles furent servies avec tant de succès, qu'elles mirent le feu en plusieurs endroits de la ville.

On avoit fait avertir les habitans de tous les villages, depuis Mons jusqu'à Nivelle, Enghien & Ath, qu'ils eussent à voiturer leurs fourrages au camp, avec promesse qu'ils en seroient paiés à un prix raisonnable. On envoia brûler ceux qu'ils avoient gardés, afin d'empêcher que les ennemis n'en trouvassent, s'ils s'approchoient de la place pour la secourir.

Le Prince d'Orange étoit parti de la Haye au premier avis qu'il avoit eu que Mons étoit investi. Il étoit occupé à rassembler à Bruxelles toutes les forces des Alliés, & il avoit envoié des ordres aux garnisons d'Ostende, de Nieuport, de Bruges & de Gand de s'y rendre. Sur la nouvelle de leur marche, le Roi ordonna à M. le Maréchal d'Humieres de s'avancer de Courtrai à Espierre.

Depuis le 27. jusqu'au 30. on continua le travail par demi-sappe pour envelopper l'ouvrage à corne & la demi-lune; on le poussa jusqu'au bord du fossé de ces mêmes ouvrages. On établit deux nouvelles batteries (7. 8.) de canon, afin d'élargir les brêches qui étoient com-

commencées. On en fit une autre de douze mortiers (9), & on continua à tirer des boulets rouges pendant toutes les nuits. On mit deux bataillons à l'attaque du rivage, où l'on éleva deux batteries de cinq piéces de canon chacune (*f g*), de même qu'à l'attaque de Bertamont. Il n'y eut que quatre bataillons de garde à la tranchée. 1691. MARS.

Le 30. on commença à combler le fossé de la demi-lune & d'une contre-garde qui servoit de défense à l'ouvrage à corne. La nuit suivante les Grenadiers de la tranchée s'emparerent de ces deux ouvrages qui n'étoient point revêtus, & que les assiégés abandonnerent aussitôt qu'ils furent attaqués. Les Grenadiers conserverent ces deux postes, dans lesquels on se logea peu de tems après qu'ils y furent entrés. On travailla aussi à combler le fossé de l'ouvrage à corne vis-à-vis le demi-bastion, qui étoit à la gauche de l'attaque.

Aussitôt qu'on fut maître du chemin couvert, on établit sur le glacis deux nouvelles batteries (14. 15), l'une de six mortiers, & l'autre de six pierriers, lesquelles tirerent avec beaucoup de succès.

Le 31. le Roi retourna visiter les postes & les Lignes du côté de l'Abbaye de Saint-Denis. Sur des avis que l'on eut que le Prince d'Orange devoit s'avancer à Hall, M. le Maréchal d'Humieres eut ordre de se poster entre Condé & Mortagne, & la cavalerie, qui étoit entre Sambre & Meuse, arriva devant Mons.

Pendant la nuit du 31. au 1. Avril, on augmenta le logement fait dans la demi-lune. On commença à combler le fossé devant la courtine de l'ouvrage à corne, & on

1691. MARS. on poussa le travail sur la crête du glacis, laissant l'ouvrage à droite pour embrasser davantage cette partie.

AVRIL. Le 1. Avril le fossé de l'ouvrage à corne étant comblé, les Officiers des Gardes Françoises, avant que d'être relevés, demanderent la permission d'attaquer cet ouvrage. Le Roi le leur permit sur les assûrances de M. de Vauban qu'on pouvoit emporter ce qu'ils desiroient.

On commanda plusieurs Compagnies de Grenadiers pour renforcer la tranchée & seconder l'attaque. Les Grenadiers des Gardes, impatiens de la commencer, n'attendirent pas l'arrivée des autres ; ils attaquerent les ennemis, & les chargerent avec tant de valeur, qu'ils se rendirent maîtres de l'ouvrage. Mais peu de tems après, le feu aiant pris à quelques poudres, cet accident donna une telle épouvante aux Grenadiers & aux travailleurs destinés à faire le logement, que dans la pensée que tout étoit rempli de fourneaux, ils abandonnerent ce poste, sans que les Officiers pussent les retenir. On n'avoit fait aucunes dispositions pour une seconde attaque ; les ennemis en profiterent, & revinrent occuper l'ouvrage. M. de Boufflers, qui commandoit la tranchée, y fut blessé.

Le 2. à dix heures du matin, le Roi commanda que l'on préparât tout ce qui étoit nécessaire pour une nouvelle attaque. Il fit marcher trois Compagnies de Grenadiers de son Régiment, qui se joignirent à six autres de la tranchée avec 150. Mousquetaires. Sa Majesté se rendit sur la hauteur de Bertamont, & aussitôt qu'on eut donné le signal, les trois Compagnies de son Régiment sortirent des tranchées. Les ennemis, armés de

faulx

faulx à revers & de grenades, se défendirent pendant quelques momens; mais se voiant attaqués par les Grenadiers Suisses, qui avoient passé sur le batardeau qui servoit de communication pour aller de la demi-lune à la courtine, ils abandonnerent l'ouvrage. Il resta quelques troupes dans des retranchemens derrière la brêche; ce qui donna lieu aux Mousquetaires, qui avoient seulement suivi les Grenadiers du Régiment du Roi, de se couler le long de la brêche pour couper les assiégés entre la courtine & leur retranchement. Ceux-ci s'en apperçurent, & se retirerent. On s'occupa aussitôt à se retrancher, & les ennemis n'essaïerent pas de rentrer dans l'ouvrage.

1691. AVRIL.

Pendant toute cette action & dans le dessein de favoriser les travailleurs, on fit un feu si vif de canon & de bombes, que les ennemis n'ôsoient paroître dans les deux demi-lunes qui commandoient l'ouvrage à corne.

Le 3. on commença à tirer d'une batterie de huit piéces de canon (10), établie entre les deux attaques pour battre les deux demi-lunes qu'occupoient les ennemis, de même que les ouvrages de l'attaque du rivage. On poussa un logement à quinze toises de l'avant-fossé, on travailla à établir quatre piéces de canon (13) contre la demi-lune qui défendoit la branche droite de l'ouvrage à corne, & pour battre en brêche le corps de la place. Ce même jour le Roi alla visiter la tranchée, & s'avança pour être témoin de l'effet des batteries de la gauche. On augmenta pendant la nuit le logement fait dans l'ouvrage à corne, afin d'y dresser deux batteries, l'une de dix petits mortiers (11), & l'autre de

1691. AVRIL. quatre piéces de canon (12), pour battre la demi-lune qui étoit derrière cet ouvrage.

Le 4. au matin on surprit un soldat de la garnison, qui portoit des lettres du Prince de Bergues au Prince d'Orange & à M. de Castanaga. Le Gouverneur les avertissoit que s'il n'étoit secouru dans cinq jours, il seroit forcé de rendre la place. La tranchée du côté de la porte du rivage fut poussée en avant pour occuper les assiégés. A la grande attaque on travailla pendant la nuit du 4. au 5. à combler l'avant-fossé des deux demi-lunes, & on continua de tirer des boulets rouges contre la ville.

Le 5. sur la nouvelle que le Prince d'Orange, à la tête de 25. à 30000. hommes, avoit marché à Notre-Dame de Hall, & qu'il devoit s'avancer à Enghien, M. le Maréchal d'Humieres vint camper à Saint-Guilain, & la cavalerie, qui étoit dans les villes & les villages à portée du siége, arriva devant la place. Le Roi avoit marqué sur la Bruyère de Casteau un champ de bataille pour son armée, & se proposoit d'y combattre le Prince d'Orange, s'il entreprenoit de troubler les travaux du siége.

Les batteries, qu'on avoit construites dans l'ouvrage à corne, commencerent à tirer ce même jour avec beaucoup de succès. La nuit suivante le passage du fossé, pour aller de l'ouvrage à corne à la contrescarpe de la demi-lune de la droite, fut presque achevé.

Le 6. on finit de combler l'avant-fossé de la demi-lune, & à l'entrée de la nuit on établit des travailleurs sur la crête du glacis pour se loger sur l'angle saillant de de cet ouvrage. Le feu des assiégés étoit peu considérable, & donnoit lieu de croire qu'il y avoit fort peu de monde dans les demi-lunes. 1691. AVRIL.

Le 7. on étendit à droite & à gauche les logemens qu'on avoit faits sur le glacis de ces deux ouvrages. On fit une brêche considérable à la demi-lune, qui étoit à la droite de l'attaque. On travailla en même tems à une batterie de deux piéces de canon (16), & à une autre de trois pierriers (17) sur la contrescarpe de la demi-lune de la gauche; elles tirerent le lendemain matin.

La nuit du 7. au 8. le travail fut si bien conduit, que le 8. au matin on se trouva en état de commencer le passage du fossé pour aller aux deux demi-lunes.

Ce même jour on fut détrompé de la nouvelle qu'on avoit eue de la marche du Prince d'Orange à Enghien. Le Roi alloit à la tranchée pour y donner ses ordres; il étoit déjà en chemin, lorsque M. le Duc de Vendôme, qui y commandoit, envoia avertir Sa Majesté que les assiégés venoient de battre la chamade & demandoient à capituler. Ils donnerent aussitôt pour ôtages un Colonel, un Lieutenant-Colonel & un Major. Le Roi leur envoia des Officiers de même rang. Sa Majesté accorda à la garnison tous les honneurs de la guerre, six piéces de canon & 300. chariots, dont quelques-uns sortirent couverts.

Le lendemain 9., les Gardes Françoises prirent possession de la porte de Bertamont.

Le 10. à midi la garnison sortit de la ville, forte d'environ 4500. hommes & de 300. Officiers. Le Prince

1691. AVRIL. ce de Bergues, qui les commandoit, défila à leur tête & salua M. le Dauphin.

Le Roi fit ce même jour la revûe d'une grande partie de la cavalerie & des Dragons. Sa Majesté donna les ordres nécessaires de travailler à la sûreté de la place, & partit le lendemain pour retourner à Versailles.

On renvoia les troupes dans leurs garnisons; les ennemis en firent autant de leur côté.

La perte, que couta aux troupes du Roi la prise de cette place, se monta à mille hommes ou environ. M. de Boufflers resta jusqu'au 19. Avril avec un petit Corps pour faciliter le transport des munitions de guerre, qui étoient au parc d'artillerie.

La réduction de Mons répandit l'allarme dans les Païs-Bas. Cette place donnoit aux troupes Françoises le moïen de pénétrer dans le Brabant & de s'avancer jusqu'à Bruxelles; mais cette conquête, au-lieu d'abattre la Ligue, ne servit qu'à animer les Princes, qui y étoient entrés, à redoubler leurs efforts contre la France. Le Prince d'Orange, qui devoit prendre cette année le commandement de l'armée de Flandre, esperoit qu'après la fatigue que les troupes du Roi venoient d'essuïer, elles ne seroient pas en état d'entrer de bonne heure en campagne. Dans cette confiance il formoit avec tranquillité les projets de ses prochaines opérations, lorsque la Cour, attentive à profiter de ses moindres avantages, résolut d'exécuter des desseins qu'elle avoit été depuis long-tems obligée de suspendre. Elle avoit conservé de justes ressentimens contre le Prince & les

les Etats de Liége, dont la conduite avoit indiſpoſé le Roi. 1691. AVRIL.

Au commencement de 1689. l'Evêque de Liége avoit ſigné un acte de neutralité par lequel il s'engageoit à licencier ſes troupes, & à raſer la citadelle & les fortifications de ſa ville, excepté l'enceinte & rien de plus. Ce Traité avoit été ratifié par le Roi & par les Etats, enſuite rompu au bout de fort peu de tems par le Chapitre, le Peuple & l'Evêque. Les effets du Cardinal de Furſtemberg, qui étoient dans Liége, avoient été pillés, & quantité de munitions, que le Roi conſervoit dans cette ville ſur la foi du Traité, avoient été livrées aux ennemis.

Le Roi, réſolu de punir les Liégois pour avoir manqué à leur parole, au Traité fait avec eux & avec leur Prince, conçut le deſſein de faire bombarder leur ville. Ce fut le premier objet d'opérations qu'il preſcrivit aux Généraux de ſes armées de Flandre.

M. de Boufflers, avec 20. bataillons & 61. eſcadrons, devoit être chargé de cette expédition, pendant que M. de Luxembourg aſſembleroit ſon armée ſur la Lys, & s'avanceroit ſur la Dendre, ou ſur la Senne, pour y attirer toutes les troupes des Alliés, & les empêcher de marcher au ſecours de Liége.

Le peu de préparatifs que les Alliés avoient fait pour leur ſubſiſtance, & l'éloignement des troupes que les Princes de l'Empire devoient envoier en Flandre, annonçoient que le Prince d'Orange entreroit tard en campagne.

Tout étoit tranquille ſur la frontière, lorſque M. de Ro- MAI.

1691. MAI. Rosen reçut des ordres de la Cour d'assembler à Courtrai les troupes du Roi. Elles commencerent à y arriver le 9. Mai, & camperent sur deux lignes près du ruisseau de Curne, la droite au-dessous de Bavechove, la gauche tirant vers Heulle. M. de Luxembourg y vint le 15. & y séjourna quelques jours pour régler ses mouvemens sur ceux de M. de Boufflers.

Il savoit que depuis la prise de Mons, le Prince d'Orange avoit fortifié de quelques ouvrages la petite ville de Hall, afin de protéger Bruxelles & d'en éloigner l'armée Françoise. Ces ouvrages, loin d'être finis, n'étoient tout au plus que palissadés & en bon état du côté de Mons. M. de Luxembourg crut que le plus sûr moïen d'attirer sur lui toutes les forces des ennemis étoit de détruire ce poste & de s'approcher de Bruxelles, ce qui ne pouvoit que leur causer beaucoup d'inquiétude. Dans cette vûe il fit marcher le 19. son armée à Hauterive.

Marche de Curne à Hauterive.

La marche se fit sur quatre colonnes. L'aîle gauche de cavalerie forma celle de la droite; le Mestre-de-Camp en eut la tête, & fut suivi du reste de la première ligne de cette aîle ainsi qu'elle étoit campée, ensuite de la Brigade de Saint-Simon & du reste de la seconde ligne dans le même ordre que la première. Cette colonne passa à Water-Meulen, quartier de M. le Duc du Maine, traversa la ville de Courtrai, sortit par la porte de Tournai, & suivit le chemin de Courtrai au pont David, qu'elle quitta entre la Maison Blanche & le moulin de Rentwort. De là elle continua sa marche par un un chemin qui laiſſe Saint-Genois à droite & Boſſu à gauche, d'où elle ſe rendit à la gauche du camp, qui fut ſon poſte. Cette aîle de cavalerie mêla ſes menus bagages entre ſes eſcadrons; les gros en prirent la queuë, & lorſqu'ils furent dans la ville de Courtrai, au-lieu de ſortir par la porte de Tournai, ils paſſerent par celle qui va à Harlebeck, pour joindre la colonne des gros équipages. 1691. MAI.

La ſeconde colonne fut pour le reſte des gros & menus bagages de l'armée, leſquels vinrent paſſer au pont de Curne, qui étoit à la queuë de Stoppa. De là ils allerent à celui qui étoit conſtruit ſur la *Lys* entre Harlebeck & Courtrai, pour joindre le chemin de Zuéveghem, d'où, tenant le clocher à leur gauche, ils allerent droit à Monne, & laiſſant Boſſu à droite, ils ſe rendirent dans la plaine du camp.

La troiſième colonne fut pour l'infanterie, dont Navarre eut la tête. Elle fut ſuivie du reſte de la première ligne ainſi qu'elle étoit campée, & de la ſeconde ligne dans le même ordre que la première. Cette colonne traverſa la Lys au pont du moulin d'Harlebeck, d'où, mettant le village à ſa gauche, elle alla droit au pont Marquette près de Derlick, laiſſa le clocher au même côté, paſſa à Otteghem, à Heſtrud, & de là ſe rendit au moulin de Hauterive, où fut le centre de la ligne.

La quatrième & dernière colonne, qui étoit celle de la gauche, fut pour l'aîle droite de cavalerie, dont la Maiſon du Roi eut la tête. Elle fut ſuivie du reſte de la première ligne de cette aîle ainſi qu'elle étoit campée, & de la ſeconde dans le même ordre que la pre-

mié-

1691. MAI. mière. Cette colonne passa au pont d'Harlebeck pour aller à Derlick, d'où, prenant le chemin de Potteghem, & laissant le château avec le village à gauche, elle marcha à Nieuwenhof. En approchant de ce village, elle mit l'Eglise à gauche, passa le ruisseau sur le pont de pierre pour aller à Anseghem, & de là à Castre. Ensuite tenant Warmade à gauche, elle traversa le ruisseau d'Awelghem & entra par la droite du camp, qui étoit son poste.

On envoia dès la veille cinquante Dragons à Saint-Eloi-Vive, autant à Wareghem, cent hommes de pied à l'Eglise & au château de Potteghem. On commanda 500. fantassins, lesquels se trouverent à la générale au pont, que l'on avoit fait sur la Lys entre Harlebeck & Courtrai, pour être distribués par pelotons de distance en distance dans la colonne des gros bagages qui devoit y passer. Le rendez-vous des Majors & des Gardes pour le campement fut au pont, construit sur la Lys entre Harlebeck & Courtrai, à l'heure de la générale.

Il fut ordonné que pendant toute la campagne il y auroit toujours à la tête de chaque colonne de cavalerie, cent Dragons avec des outils pour accommoder les chemins; cent hommes à la tête de chaque colonne d'infanterie pour la même raison, lesquels seroient tirés des Brigades qui auroient l'avant-garde; un pareil nombre avec des outils à la tête de chaque colonne de bagages, & que cela s'exécuteroit dans toutes les marches, sans qu'il fût besoin de le réiterer.

Aussi long-tems que dura la campagne, les vieilles gardes firent l'arrière-garde des colonnes de bagages & d'ind'infanterie, & l'on commanda toujours 50. Maîtres pour marcher à la tête de chacune de ces colonnes. 1691. MAI.

On renonça aux grandes gardes d'escadrons entiers avec des étendards, à cause de l'embarras qu'elles causoient pour les fourrages particuliers qu'il falloit leur donner. Elles furent composées de détachemens, comme les gardes ordinaires.

L'armée campa sur deux lignes. La droite fut appuiée au ruisseau qui passe entre Warmade & Awelghem, la gauche s'étendoit au-delà du château de Bossu, aiant Hauterive derrière le centre, & l'Escaut derrière le camp.

Le 21. l'artillerie vint y joindre les troupes; elle consistoit en 60. piéces de canon. Le 22. on fit la revûe générale de l'armée, qui se trouva forte de 39. bataillons & de 101. escadrons.

Avant que l'on quittât ce camp, M. de Luxembourg pourvut à la garde des Lignes depuis l'Escaut jusqu'à la Lys. Les troupes, qu'il y laissa, prirent poste à Dottignies, au nombre de cinq escadrons & de deux bataillons. Ce Corps, à l'exception du Régiment de Merinville, fut tiré de toutes les garnisons voisines & par détachemens.

Quoiqu'il restât peu de troupes à la garde des Lignes; néanmoins le nombre en étoit suffisant pour leur sûreté, parce que dans les places du voisinage, occupées par les ennemis, il n'y avoit que des garnisons ordinaires.

On avoit proposé à la Cour de changer les Lignes d'Honscote, & de se servir du Canal de Loo depuis la rivière d'Yser jusqu'à Furnes. Ce Canal étoit plus aisé

1691.
MAI.

à défendre, & cette Ligne auroit couvert beaucoup de villages, sur lesquels les ennemis levoient des contributions. M. de Luxembourg, qui en avoit fait la proposition à la Cour, lui suggera de construire à Furnes un réduit que l'on pourroit garder avec peu de monde, & qui ôteroit aux ennemis la facilité de s'y rassembler pour pénétrer entre l'Yser & le Canal d'Honscote. Ce projet, quoiqu'avantageux, ne fut point agréé.

Peu de tems après la prise de Mons, la Cour fit travailler à de nouvelles Lignes pour couvrir le pays, situé entre la Trouille & l'Honsneau. Elles s'étendoient depuis Mons jusqu'à la Sambre.

M. de Luxembourg, aiant été informé par la Cour que M. de Boufflers pourroit se mettre en marche le 28. pour s'approcher de Liége, résolut de passer l'Escaut le 25. & de marcher à Renay.

Marche de Hauterive à Renay.

La marche se fit sur cinq colonnes ; l'aîle gauche forma la colonne de la droite. Deux escadrons du Régiment d'Asfeld en eurent la tête, & furent suivis des Brigades de la seconde ligne, qui étoient Saint-Simon, Rottembourg & Massot, ensuite de celles de la première ligne, en commençant par Houdetot. Le troisième escadron d'Asfeld fit l'arrière-garde de cette colonne, laquelle passa l'Escaut au pont qu'on avoit construit près de Pottes, pour suivre le chemin de Celles, où elle traversa la Laye sur le pont du village, & alla à Arques. De là elle passa la Ronne sur un pont entre Dereneau & Aineres, & pliant à gauche, elle marcha au petit bois de Waudripont, où elle se trouva à la droite du camp, qui étoit son poste. L'ar-

L'artillerie eut la seconde colonne, laquelle fut suivie de tous les gros & menus bagages de l'aîle gauche, qui s'assemblerent à la tête de Polier entre les deux lignes. Le Régiment des Fusiliers marcha à la tête & à la queuë de la colonne, où il mit des pelotons de distance en distance. Elle passa au pont près de l'Eglise de Hauterive, traversa la prairie, alla gagner le grand chemin d'Escanaffe à Anssureulle, d'où, laissant l'Eglise à gauche & le moulin à droite, elle descendit à Waudripont, où elle passa la Ronne pour entrer dans la plaine du camp.

La troisième colonne fut pour l'infanterie, dont Roussillon eut l'avant-garde. Cette Brigade fut suivie de celles de Greder Allemand, de Stoppa, de Navarre & des Gardes; la Brigade du Roi en eut l'arrière-garde. La colonne passa au pont, fait près du château de Hauterive, & traversa les prairies, aiant la colonne d'artillerie à sa droite. De là elle alla regagner le chemin des prairies qui va d'Escanaffe à la cense de Roteleux, & laissant Anssureulle & le grand chemin sur la droite, elle entra dans la plaine du camp.

La quatrième colonne fut pour le thrésor, pour tous les gros & menus équipages du quartier général, de l'aîle droite de cavalerie & de l'infanterie. Cette colonne, qui s'assembla derrière le Régiment de Langallerie, eut à sa tête la garde de M. le Duc du Maine. Quatre cens hommes de pied y furent partagés par pelotons de distance en distance, dont 100. demeurerent à l'arrière-garde. Deux escadrons de Tessé marcherent avec cette colonne, un desquels en fit l'arrière-garde

1691. MAI. avec les cent hommes de pied. La colonne passa au pont d'Escanaffe, puis au pont à Ronne, ensuite à Orroir & à Amougies, laissant le village à droite. De là elle alla à Ruschenies qu'elle mit aussi à droite, & se rendit à Renay, où entrerent les bagages du quartier général; les autres passerent au-dessous du village, & se détournerent pour entrer par la queuë de leur camp.

L'aîle droite forma la cinquième colonne; la seconde ligne de cette aîle en eut l'avant-garde, en commençant par la Brigade de Courtebonne. Elle fut suivie de celles de du Rosel, de Montfort, de Bolhen, de Quadt, & de la Maison du Roi qui en fit l'arrière-garde. Les Dragons du Roi marcherent à la tête & les Dragons Dauphin à la queuë de cette colonne, laquelle passa au pont qui étoit à sa droite près du moulin de la rue de Berne, à l'embouchure de la Ronne. De là elle prit le chemin de la rue de Berne à Renay, & quand elle fut près de ce village, elle dirigea sa marche à Préfou pour aller à la hauteur de Renay, où fut son camp.

L'armée campa sur deux lignes, la droite à Waudripont, la gauche tirant vers le bois de Cocambre, Renay derrière le centre.

On envoia deux partis de 50. hommes d'infanterie dans les bois entre Amougies & la marche de l'aîle droite de cavalerie.

On détacha aussi dès le même jour cent hommes de pied dans le bois de Cocambre, avec ordre de côtoïer la marche du lendemain, & de ne rejoindre l'armée que le soir.

On

On en fit autant pour le bois de la Hamaïde. 1691. MAI.

Le 26. l'armée marcha à Lessines, où M. le Duc de Chartres la joignit.

La marche se fit sur quatre colonnes. L'aîle gauche de cavalerie, qui faisoit la droite dans le camp, forma la colonne de la droite ; le Mestre-de-Camp en eut la tête, & fut suivi des Carabiniers, des Brigades d'Houdetot, Massot, Rottembourg & Saint-Simon. Ces troupes prirent le chemin qui va à Waudripont & à Dereneau, & laissant Saint-Sauveur à gauche, elles allerent droit à la Bruyère d'Anvain & à la chapelle de la Croisette, ou del-Bruyère. De là elles suivirent le chemin de la Hamaïde & mirent Fresne à droite, marcherent au moulin de Fresne, à Oedeghien, à Ostiche & au moulin de Drimpont, d'où elles entrerent par la gauche de leur camp. Un escadron du Régiment d'Asfeld prit la tête de cette colonne, un autre marcha après la Brigade d'Houdetot, & le troisième en fit l'arrière-garde. Marche de Renay à Lessines.

La seconde colonne fut pour la Brigade d'infanterie du Roi, qui eut la tête de la marche, & qui fut suivie de celles des Gardes, de Stoppa & de Greder Allemand. Cette colonne alla droit à la chapelle Croix-Pile, de là à Traînefolle, à la Hamaïde & à Wannebecq, où elle se trouva à la tête de son camp.

La troisième colonne fut pour l'artillerie, pour tous les gros & menus bagages de l'armée. L'artillerie, qui étoit campée sur le chemin de cette colonne, en eut la tête ; les Fusiliers marcherent avec elle comme dans la mar-

1691. MAI. marche précédente. L'artillerie fit atteler une heure avant le jour, & commença à défiler lorsqu'on sonna le boutte-selle. Elle fut suivie du thrésor, du quartier général, & des bagages de l'aîle droite de cavalerie qui faisoit la gauche dans le camp. Ceux de la première ligne en eurent la tête, & défilerent par leur gauche, suivis des bagages de la seconde ligne.

Les bagages de l'infanterie marcherent après ceux de l'aîle droite & dans le même ordre. Les équipages de l'aîle gauche eurent la queuë de cette colonne, qui passa à la chapelle de la Trinité & à Ellezelles, qu'elle laissa à gauche & la Hamaïde à droite, pour enfiler le chemin qui va à Lessines. Un escadron de Tessé prit la tête de cette colonne, & un autre en fit l'arrière-garde.

La quatrième colonne fut pour l'aîle droite, qui faisoit la gauche dans ce camp. La Maison du Roi en eut la tête, & fut suivie du reste de la première ligne de cette aîle ainsi qu'elle étoit campée, de la seconde ligne dans le même ordre que la première, & des Brigades d'infanterie de Navarre & de Saint-Laurent. Le Régiment de Dragons Dauphin fit l'avant-garde & le Régiment des Dragons du Roi l'arrière-garde de cette colonne. Elle prit un chemin, qui passoit derrière la Maison du Roi, pour aller au moulin du Sablon, & laissant Flobecq à gauche & Ellezelles à droite, elle vint descendre à Ogy, où elle traversa le ruisseau pour se rendre entre le pont d'Acren & Lessines, où fut son camp.

On commanda 500. hommes d'infanterie, qui furent

rent mis de distance en distance dans la colonne des bagages. Le campement s'assembla à la générale, à la tête de la Maison du Roi. Le rendez-vous des bagages fut à l'artillerie.

1691. MAI.

L'armée campa sur deux lignes, la droite près du village d'Acren, la gauche au pont & au moulin de Drimpont, Lessines & la rivière de Dendre derrière le camp.

Les troupes y séjournerent le 27., établirent des ponts sur la Dendre & préparerent la marche vers Enghien, à travers d'un pays rempli de bois & de défilés, assez difficiles. Elles décamperent le 28.

Marche de Lessines à Enghien.

La marche se fit sur cinq colonnes. L'aîle gauche forma la colonne de la droite; le Mestre-de-Camp en eut la tête, & fut suivi du reste de la première ligne de cette aîle ainsi qu'elle étoit campée, & de la seconde dans le même ordre. Le Régiment Dauphin Dragons mit un escadron après le second du Mestre-de-Camp, & un autre après le dernier escadron de la première ligne; Asfeld marcha à la suite de la Brigade de Saint-Simon. Cette colonne passa près de Papignies, alla à Ysiers, à Melin-l'Evêque, à Gibieq, à Haut-Silly, à chapelle Saint-Marcou, au moulin de Graty, & suivit le chemin qui descend dans Hoves, où furent la droite du camp & son poste.

La seconde colonne fut pour toute l'infanterie, dont la Brigade de Stoppa eut l'avant-garde. Elle fut suivie du reste de la seconde ligne ainsi qu'elle étoit campée,

&

1691. MAI. & de la première dans le même ordre. Cette colonne passa la Dendre au-dessus de Lessines, au pont qu'on avoit construit derrière la Brigade de Rottembourg, d'où elle prit le chemin du château d'Ollignies à Hellebecq. Elle alla ensuite à Bas-Silly, à la Haye-Allard, à la cense d'Esnepe, & de là, laissant Marcq à gauche & Hoves à droite, elle se rendit à son camp.

La troisième colonne fut pour le thrésor, le quartier général, les gros & menus bagages de l'armée, à la réserve de ceux de la Maison du Roi, de la Brigade de Montfort, des Dragons du Roi & de Tessé. Les bagages de la seconde ligne marcherent les premiers & défilerent par leur droite. Pour éviter la confusion dans le quartier général, on n'y laissa entrer aucuns bagages avant que tous ceux du quartier général n'en fussent sortis.

Les bagages défilerent par la porte d'Ath; celles de Grandmont & de Tournai furent fermées, ou gardées. Cette colonne prit sa marche par le pont de Lessines, alla droit au bois de même nom, au moulin du Quesne, à Marcq, & de là à Enghien.

La quatrième colonne fut pour l'artillerie, les gros & menus bagages de la Maison du Roi, ceux des Régimens de Dragons du Roi, de Tessé & de la Brigade de Montfort, suivis des caissons. Les Fusiliers marcherent à l'ordinaire avec l'artillerie, & détacherent 50. hommes à la tête des vivres.

On commanda 150. fantassins, lesquels furent partagés parmi les caissons en trois pelotons de distance en distance, & dont cinquante demeurerent à l'arrière-garde.

On

On détacha 150. Dragons des Régimens du Roi & de Tessé, dont 150. marcherent à la tête de l'artillerie, 50. à la tête des vivres, & les 50. autres après le dernier caisson. Cette colonne passa au pont de bateaux construit au-dessous de Lessines, derrière la Brigade de Montfort, & alla par un chemin, qu'on lui ouvrit dans la plaine, droit à Acre, où elle prit celui de Bièvre. Laissant ensuite le château d'Acre à droite & le chemin de Viane à gauche, elle se rendit par Saint-Pierre à Herines, où fut le camp.

La cinquième colonne, qui étoit celle de la gauche, fut pour l'aîle droite. La Maison du Roi en eut l'avant-garde, & fut suivie du reste de la première ligne de cette aîle ainsi qu'elle étoit campée, & de la seconde dans le même ordre. Le Régiment des Dragons du Roi mit un escadron après les deux de Noailles; celui de Tessé marcha à la suite de la Brigade de Montfort. Cette colonne se porta d'abord au pont d'Acre, & par un chemin, qui lui fut ouvert dans la plaine, elle passa le long de la Dendre jusqu'à ce qu'elle rencontrât le chemin de Viane qu'elle suivit. De là elle alla à Tolbeck, & repliant à droite, elle arriva à Herines où étoit la gauche du camp, & qui fut son poste.

On envoia à minuit 100. Maîtres & 100. Dragons du côté d'Ath pour couvrir la marche, lesquels ne se retirerent qu'après que toute l'armée fut passée.

On mit aussi pour la même raison quatre postes d'infanterie dans le bois du Renard & dans ceux du Graty. On commanda la moitié du piquet de cavalerie & un escadron de Dragons du Roi, qui se trouverent à une

 heu-

1691. MAI.

heure après minuit derrière la Brigade de du Rosel, afin de dévancer le campement à Enghien. On laissa un escadron des Dragons du Roi, un de Dauphin avec deux de Carabiniers à l'arrière-garde, lesquels ne partirent qu'après que tous les ponts furent levés. Ils se partagerent pour prendre la queuë de la colonne des bagages & de celle de l'artillerie.

A la générale le campement se trouva au pont qui étoit au-dessous de Lessines, derrière la Brigade de du Rosel.

L'armée campa sur deux lignes, la droite à Hoves, la gauche à Herines, le ruisseau de Marcq derrière elle, & Enghien à sa tête, où l'on établit le quartier général.

Mons fut l'endroit d'où l'armée tiroit ici ses vivres. Sans cette place, le campement n'auroit pû avoir lieu.

Le 29. M. de Luxembourg la fit marcher sur la hauteur de Hall; mais avec toute la précaution qu'exigeoit la proximité des ennemis.

Marche d'Enghien à Hall.

La marche se fit sur quatre colonnes. La cavalerie, qui formoit la droite dans ce camp, eut la colonne de la droite; le Mestre-de-Camp en eut la tête, suivi du reste de la première ligne de cette aîle ainsi qu'elle étoit campée, & de la seconde dans le même ordre. Cette colonne marcha en droiture au château de Warelle, qu'elle laissa à droite. De là elle se rendit à la Bruyère de Sainte-Barbe, d'où, tenant Rebeeck & Quenaste à droite, elle passa sur un pont de pierre pour aller à Tubise, qu'elle mit du même côté, continua sa marche

che entre Hall à droite & Helsbeeck à gauche, & entra dans la plaine du camp. Cette aîle fut suivie de ses gros & menus bagages, & de ceux de l'infanterie qui étoit campée au-delà du ruisseau, lequel tombe d'Enghien à Marcq.

La seconde colonne fut pour l'artillerie, le quartier général, les bagages de l'aîle droite qui faisoit la gauche dans ce camp, & pour ceux du reste de l'infanterie. Les bagages des troupes défilerent en commençant par la Maison du Roi, le reste de la première ligne comme elle étoit campée, ensuite la Brigade de Montfort & le reste de la seconde ligne dans le même ordre que la première. Quant aux caissons, ils furent distribués, partie à la queuë de cette colonne, partie à la queuë des bagages de l'aîle droite, où on en fit la répartition suivant que celui, qui commandoit l'arrière-garde, & qui voioit sortir du camp une colonne plûtôt que l'autre, jugea les chemins meilleurs; ce qui étoit d'autant plus aisé à connoître, que ces deux colonnes défiloient, l'une à droite, l'autre à gauche d'Enghien, & à une très petite distance entre elles. Cette seconde colonne prit sa marche de la tête de son parc à la chapelle de-la-Hellane, suivit un chemin qui mene au château de Guilmiste, alla de là au petit Enghien, au Certiau, à Bierge, au moulin de Sainte Reynelde qu'elle laissa à droite, au cabaret du Bœuf & à Helsbeeck, d'où elle entra dans la plaine du camp.

La troisième colonne fut pour toute l'infanterie, dont Navarre eut la tête, & fut suivie de la première ligne ainsi qu'elle étoit campée, & de la seconde dans le même ordre que la première. Laissant le parc de l'ar-

1691. MAI. tillerie sur sa droite & la Justice sur sa gauche, cette colonne alla gagner le chemin de la chaussée qui tombe à Haute-Croix, à un cabaret qui s'appelle la Fontaine. De là elle suivit la chaussée jusqu'auprès de Haute-Croix, mit ce village & la colonne de cavalerie à sa gauche, passa à la cense d'Harlebeck, enfila ensuite le chemin qui mene à la Justice de Lembeeck, qu'elle laissa à droite & le château de Ramelot à gauche, pour se rendre à Helsbeeck qu'elle tint aussi à droite, & entra dans la plaine du camp.

La quatrième colonne fut celle de la gauche, & pour l'aîle droite qui faisoit la gauche dans ce camp. La Maison du Roi en eut la tête, suivie du reste de la première ligne de cette aîle ainsi qu'elle étoit campée, ensuite de la Brigade de Montfort & du reste de la seconde ligne. Cette colonne défila par sa gauche, mit la Justice à droite, alla au cabaret d'Elerovinte, autrement dit la Couronne, & laissant le bois de Leuse à droite, celui de la Chartreuse à gauche, elle prit le chemin d'Herines à Haute-Croix qu'elle tint à gauche, & la colonne d'infanterie à droite, qui passa fort près d'elle. Elle marcha ensuite au bois de Triou, qu'elle laissa à droite pour aller à Bevringue, d'où elle entra dans la plaine du camp.

Toutes les colonnes firent halte à leur arrivée sur la hauteur de Lembeeck, & elles n'en partirent qu'après avoir reçu ordre de continuer leur marche. On ne tira le campement que lorsque les colonnes eurent fait halte.

On mit quatre cens hommes de pied dans chaque co-

colonne de bagages, où on les dispoſa par pelotons de distance en diſtance. 1691. MAI.

L'armée reprit ſon premier ordre de bataille, & campa ſur deux lignes, la droite appuiée à la rivière de Senne, la gauche à Bevringue, ou Beringhen, aiant Hall derrière ſa droite.

Pendant la nuit on jetta deux ponts de bateaux ſur la Senne au-deſſous de cette place, à deſſein de l'inveſtir dès le lendemain, & d'empêcher les troupes, qui y étoient en garniſon, de ſe retirer à Bruxelles. Elles montoient au nombre de cinq bataillons, qui, auſſitôt qu'ils ſe virent ſur le point d'être inveſtis, ſongerent à s'évader. Pour cet effet, ils firent défenſe à tout Bourgeois de paroître en rue après la retraite, & profiterent de la nuit pour évacuer la place; mais avec tant de précipitation, que beaucoup d'entre eux jetterent leurs armes, dont on trouva le lendemain une grande quantité ſur le chemin qu'ils avoient tenu.

Le 30. avant la petite pointe du jour, les principaux habitans de la ville de Hall vinrent informer M. de Luxembourg de ce qui s'étoit paſſé, & implorerent ſa protection; ſur quoi il donna les ordres d'occuper les poſtes de cette place. Le même jour, ſachant que les ennemis étoient campés ſur le ruiſſeau de Vleſenbeeck, il alla reconnoître leur poſition, dans l'eſperance qu'il trouveroit moien de les attaquer. Dès avant le jour, il avoit détaché M. de Cheladet avec 400. chevaux pour examiner leur camp & lui en donner des nouvelles. Sur les huit heures du matin il ſe mit en

1691. MAI. marche avec 40. escadrons, & après avoir passé les défilés du ruisseau de Saint-Pierre-Leeuw, il rangea sa cavalerie en bataille sur la hauteur entre Vlesenbeeck & Gaesbeeck.

Suivant les rapports lui faits, il croioit qu'en tournant autour du château de Gaesbeeck, il pourroit tomber sur la droite des ennemis. Dans cette vûe il avoit ordonné à l'armée de le suivre: mais en arrivant sur les lieux, il vit que le ruisseau, sur lequel ils étoient campés, ne pouvoit se passer qu'en défilant; que leur droite occupoit une hauteur au pied de laquelle le ruisseau formoit un marais, & qu'on ne pouvoit les attaquer que par un front plus petit que celui qu'ils présentoient. D'ailleurs cette action devenoit une affaire d'infanterie, & M. de Luxembourg, qui ne vouloit pas que sa cavalerie lui fût inutile, ne cherchoit que des endroits où il pût la faire agir.

Les ennemis avoient une ligne d'infanterie près du ruisseau, laquelle étoit soutenue par leur cavalerie. En examinant leur front, M. de Luxembourg remarqua beaucoup de mouvemens parmi leurs troupes, parce que dans le moment même qu'il parut avec sa cavalerie, ils s'étendirent pour occuper la hauteur, où ils mirent leur droite. Tous les avis s'accordoient à fixer le nombre de leur infanterie à 42. bataillons, & comme il craignoit d'engager un combat dont le succès lui paroissoit incertain, au lieu de ranger la sienne en bataille, il lui ordonna de rester dans les fonds avec l'artillerie; après quoi il se retira, & fit rentrer toutes les troupes dans leur camp. Cette démonstration eut tout l'efl'effet qu'on pouvoit desirer. L'infanterie de Gand & de Malines, la cavalerie de Saint-Tron & de Tirlemont se hâterent d'accourir à Bruxelles; une partie même y arriva pendant que les armées étoient en présence. 1691. MAI.

Depuis le 30. Mai jusqu'au 5. Juin, on retira les munitions que les ennemis avoient laissées dans Hall. On ruina par des mines les réduits, les tours, les murs & les batardeaux de cette petite place; on en combla les fossés; on en rasa tous les ouvrages. JUIN.

M. de Luxembourg, aiant rempli son objet, & amusé les ennemis aussi long-tems qu'il étoit nécessaire pour donner à M. de Boufflers la facilité d'achever son expédition, jugea à propos le 5. Juin de se retirer à Braine-le-Comte. Ce camp, qui lui parut le plus convenable en ce qu'il pouvoit se porter par-tout où il voudroit aller, étoit aussi avantageux pour le combat que commode pour les subsistances.

Marche de Hall à Sainte-Reynelde & à Braine-le Comte.

La marche se fit sur neuf colonnes jusqu'au champ de bataille que prit l'armée. Ensuite elle se réduisit à six colonnes, & dès qu'on eut passé les ponts qu'on avoit jettés sur la rivière de Sennette près de Tubise, les six colonnes n'en formerent plus que trois. On sonna le boute-selle; on battit la générale à la pointe du jour; on commanda vingt piéces de canon pour faire l'arrière-garde, & tous les menus bagages se mirent aussitôt en marche.

Tous les gros bagages de l'aîle droite de cavalerie & de toute l'infanterie s'assemblerent près de Hall, au-de-

là

1691. JUIN.

là du ruisseau qui étoit à la queuë du camp. Tous les gros équipages du quartier général & de l'aîle gauche se rendirent au parc de l'artillerie, & tous les menus équipages de l'armée furent portés entre Hall & le pont destiné pour l'artillerie. Les bagages avec l'artillerie formerent trois colonnes. Elle fut suivie des gros bagages du quartier général & de ceux de l'aîle gauche de cavalerie, en commençant par Massot. Ensuite Rottembourg, Saint-Simon, Houdetot, Pracontal, Locmaria, les Dragons du Roi & d'Asfeld firent la colonne de la droite.

Tous les menus bagages de l'armée formerent la colonne du milieu. Ceux du quartier général en eurent la tête, & furent suivis de ceux de l'aîle droite de cavalerie en commençant par la seconde ligne, ensuite de ceux de l'infanterie de l'aîle gauche.

Tous les gros bagages, tant de l'aîle droite que de toute l'infanterie, firent la colonne de la gauche. Ceux de la Brigade de Courtebonne en eurent la tête, suivis de ceux de du Rosel, de Quadt, de la Maison du Roi & des Dragons Dauphin. Les gros bagages de l'infanterie, en commençant par la seconde ligne & défilant par la droite, marcherent ensuite, & précéderent ceux de la première ligne dans le même ordre.

Le premier bataillon des Fusiliers marcha avec la colonne de l'artillerie, le second avec la colonne des bagages de la gauche. On commanda 800. fantassins, dont 200. furent placés dans la colonne de la droite, autant dans la colonne du milieu, & 400. dans celle de la gauche.

On

On envoia dès le soir 400. hommes de pied se poster de distance en distance dans les bois del-Houssière, afin d'assûrer la marche contre les partis ennemis. On plaça aussi pour la même raison 60. hommes au château & au pont de Clabeeck, 50. à Oyskerk, autant à Ronkiers & pareil nombre à Herypont. On mit 100. chevaux à la tête de chaque colonne de bagages, & 100. à l'arrière-garde. Ceux, qui devoient marcher à la queuë de la colonne de la gauche, allerent dès la pointe du jour se placer à l'entrée du bois del-Houssière, où ils s'arrêterent jusqu'à ce que tous les bagages fussent passés. Les Majors des Régimens, & les gardes pour le campement s'assemblerent derrière le quartier général. Vers le soir on détacha plusieurs partis de cavalerie du côté de Saint-Pieters-Leew & du moulin de Castres, dans l'incertitude si les ennemis feroient pendant la nuit quelque détachement pour inquiéter la marche de l'armée. On en fit partir d'autres à la pointe du jour pour observer de nouveau leurs mouvemens. 1691. JUIN.

Les gardes de cavalerie reprirent leurs postes aussitôt qu'il fit jour, & à l'entrée de la nuit des Officiers de chaque Brigade allerent reconnoître le chemin que devoient tenir leurs troupes. Les trois colonnes de bagages se mirent en marche au jour & en même tems. Celle de la droite prit par un chemin, pratiqué exprès à 200. pas sur la gauche du grand chemin de Hall à Tubise. Elle passa ensuite sur les deux ponts de la droite qu'on avoit construits entre les châteaux & hameau de la Cour neuve & vieille, d'où elle enfila le chemin de la droite qui mene à Braine-le-Comte, & un peu en-

1691. JUIN. deçà plia tout court à droite pour laisser le grand chemin libre. La colonne du milieu, qui étoit celle des menus bagages, marcha par l'ouverture que l'on avoit faite entre les deux colonnes des gros bagages, & alla se rendre aux deux ponts du milieu, au-dessus de l'embouchure du ruisseau d'Haynewiers. Ensuite elle laissa ce village à sa gauche, & approchant de Braine-le-Comte, elle tourna à droite pour entrer dans la plaine du camp.

La colonne de la gauche suivit le grand chemin de Hall à Tubise. Elle passa le pont du village, alla de là traverser le bois del-Houssière par le chemin de la Table-de-pierre, & prit celui de Ronkiers à Braine pour se rendre dans la plaine du camp.

Les nouvelles gardes, tant de cavalerie que d'infanterie, allerent avec le campement passer à la Justice de Sainte-Reynelde & à celle de Rebeeck, où elles suivirent le chemin du petit Rœux jusqu'à l'arbre de la Croix barrée, qui étoit dans le camp.

Dès que tous les bagages eurent passé les ponts près de Tubise, les troupes se mirent en marche dans l'ordre suivant.

L'armée consistoit en neuf Brigades à chaque ligne, dont trois de cavalerie dans chaque aîle, & trois d'infanterie dans le centre. Celles, qui faisoient la première ligne, resterent en bataille à la tête du camp, tandis que les Brigades, qui composoient la seconde ligne, firent demi-tour à droite, & formerent chacune une colonne pour aller prendre un champ de bataille depuis la hauteur de Sainte-Reynelde, en continuant par le cabaret du Bœuf & en s'étendant jusqu'au-dessous de Lembeeck.

La

La Brigade de Saint-Simon, qui avoit la gauche de cette ligne, partit de son camp, fit demi-tour à droite, laissa le grand chemin, qui étoit à sa gauche, pour aller à travers champs au petit bois de Triou, coula tout le long de ce bois, le tint à sa gauche avec le château de Ramelot, & marcha à la hauteur de Sainte-Reynelde, qu'elle mit encore à sa gauche. Pour lors faisant front du côté de l'ennemi, elle se rangea en bataille, sa gauche au village de Sainte-Reynelde, & sa droite vers la hauteur. 1691. JUIN.

La seconde colonne fut pour la Brigade de Rottembourg, qui prit le chemin, que la colonne de la droite avoit laissé à sa gauche, pour aller au bois de Triou. Elle le côtoïa, le laissa à droite, & marcha sur la hauteur de Sainte-Reynelde, où elle se mit en bataille, joignant la Brigade de Saint-Simon.

La troisième colonne fut pour la Brigade de Massot. Elle passa par un chemin, que l'on avoit fait à la queuë de son camp, pour arriver à un petit bois planté en allées, d'où, marchant entre la colonne de cavalerie de Rottembourg qui étoit à sa droite, & une d'infanterie qu'elle avoit à sa gauche, elle alla à travers champs à la Justice de Lembeeck, au pied de laquelle elle continua son chemin. Puis la laissant à gauche, & de là faisant front du coté des ennemis, elle se plaça sur l'alignement des Brigades qui étoient à sa gauche, & s'étendit du côté du cabaret du Bœuf, afin de conserver sa hauteur.

La quatrième colonne fut pour la Brigade d'infanterie que joignoit l'aîle gauche de cavalerie. Elle prit par un chemin que l'on avoit fait à la queuë de son camp,

 d'où,

1691. JUIN. d'où, se jettant sur sa droite, elle marcha au même bois où passoit la colonne qui étoit à sa droite, & alla à travers champs au cabaret du Bœuf, qu'elle laissa à sa gauche. De là elle se mit en bataille, aiant sa droite près de ce cabaret, & sa gauche joignant la cavalerie.

La cinquième colonne fut pour la Brigade du milieu de l'infanterie, laquelle, traversant le pont qu'on avoit construit derrière son camp, marcha à travers des prairies près du même bois où passoit la colonne qui étoit à sa droite. De là elle vint se ranger en bataille, la droite près de la chapelle Houdesot, & la gauche vers le cabaret du Bœuf.

La sixième colonne fut pour la droite de l'infanterie. Celle-ci suivit le chemin qu'on lui avoit préparé à la queuë de son camp, perça à travers un petit bois contigu aux prairies par où passoit la colonne qui étoit à sa droite, & d'où elle vint se mettre en bataille, la gauche vers la chapelle Houdesot, sa droite sur la hauteur de Lembeeck.

La septième colonne fut pour la Brigade de cavalerie de Courtebonne, qui passa dans Helsbeeck, & qui, laissant la colonne d'infanterie & la chapelle Houdesot à sa droite, se mit en bataille sur la hauteur de Lembeeck, joignant l'infanterie.

La huitième colonne fut pour la Brigade de du Rosel. Elle marcha à la droite d'Helsbeeck, traversa le gué au-dessous de ce village, & vint à travers champs se ranger en bataille sur la hauteur de Lembeeck, tournant un peu le front vers Hall.

La neuvième & dernière colonne fut pour la Brigade

de de Montfort, qui avoit la droite de la seconde ligne. 1691. JUIN.
Cette colonne, laissant Hall à sa gauche & la huitième colonne à sa droite, alla occuper l'extrémité de la hauteur de Lembeeck, où elle se mit en bataille.

Aussitôt que la seconde ligne fut en bataille, la première fit demi-tour à droite, & forma neuf colonnes comme la seconde. Chaque Brigade suivit la route qu'avoient prise celles qui étoient derrière.

Lorsque la première ligne fut arrivée à trois cens pas de la seconde, elle se mit en bataille pour faire front au camp qu'elle quittoit; mais les ennemis n'aiant fait aucun mouvement, l'armée continua sa marche dans l'ordre qui suit.

Comme depuis l'embouchure du ruisseau de Sainte Reynelde jusqu'à Tubise, il n'y avoit que six ponts pour passer la Sennette, il fallut proportionner le nombre des colonnes à la quantité des ponts; on réduisit les neuf colonnes à six.

La seconde ligne fit le même mouvement qu'elle avoit fait en partant du camp, tandis que la première présentoit toujours le front du côté de l'ennemi; mais au-lieu que chaque Brigade formoit une colonne, il fallut que les trois n'en fissent que deux.

La Brigade de Saint-Simon & la moitié de celle de Rottembourg firent la colonne de la droite, & passerent au pont qui étoit à la droite; l'autre moitié de la Brigade de Rottembourg avec la Brigade de Massot formerent la seconde colonne. La Brigade d'infanterie, qui joignoit l'aîle gauche de cavalerie, avec la moitié de celle qui étoit au centre, fit la troisième colonne & vint

1691. JUIN. vint passer au troisième pont près de la cense de Vieillecourt.

La quatrième colonne fut pour le reste de la Brigade du centre & pour celle de la droite de l'infanterie, qui passerent au quatrième pont entre la cense de Vieillecourt & Stembeeck.

La cinquième colonne fut pour la Brigade de Courtebonne qui joignoit l'infanterie, & pour la moitié de celle de du Rosel. Cette colonne vint à la cense de Stembeeck, & passa au cinquième pont à l'embouchure du ruisseau d'Haynewiers.

La sixième & dernière colonne, qui fut pour la Brigade de Montfort & pour le reste de celle de du Rosel, laissa la cense de Stembeeck à droite ; & alla passer au pont de Tubise.

Lorsque toute la seconde ligne fut passée, la première fit le même mouvement, & chaque Brigade se régla sur celle de la seconde ligne qui étoit derrière elle.

Nous avons dit que de neuf colonnes on avoit été obligé de n'en faire que six suivant le nombre des ponts; il fallut encore, après les avoir passés, réduire les six colonnes à trois, n'y aiant que trois chemins.

Les deux colonnes de la droite n'en formerent plus qu'une. Les troupes, qui avoient passé au pont de la droite, en eurent la tête ; celles, qui avoient passé à l'autre pont, en firent l'arrière-garde, & doublerent dans la petite plaine au delà de la rivière, jusqu'à ce que les troupes, qui devoient avoir la tête de la marche, eussent entiérement défilé.

Les deux colonnes d'infanterie n'en formerent aussi plus

plus qu'une. Celle, qui avoit paſſé au pont de la droite, en eut la tête, tandis que l'autre doubloit dans la petite plaine pour en prendre la queuë. 1691. JUIN.

Les deux de la gauche furent pareillement réduites à une, dont les troupes, qui avoient paſſé au pont de la gauche, eurent la tête, & celles de l'autre pont en firent l'arrière-garde. Elles doublerent pour attendre la queuë de celles qui paſſoient au pont de la gauche.

La colonne de la droite, après avoir paſſé les ponts, alla à la cenſe de la Genette, où elle trouva le grand chemin de Braine, & lorſqu'elle fut à la proximité de ce village, elle plia à droite pour gagner la gauche du camp.

La colonne du milieu, qui étoit celle de l'infanterie, laiſſant le ruiſſeau & le village de Haynewiers à ſa gauche, prit le chemin de Braine-le-Comte, où fut le camp.

La troiſième colonne, qui étoit celle de l'aile droite de cavalerie, alla de Tubiſe traverſer le bois del-Houſſière par le chemin de la Table-de-pierre, & rencontrant celui qui va de Ronkiers à Braine-le-Comte, elle le ſuivit pour ſe rendre dans la plaine du camp.

Après que toutes les troupes eurent paſſé la rivière, on leva les ponts, on augmenta le Corps d'infanterie, qui en avoit la garde, d'un eſcadron des Dragons du Roi, d'un de Dauphin & de deux de cavalerie, qui les ramenerent au camp.

L'armée campa ſur deux lignes, la droite près du bois del-Houſſière, la gauche à Steenkerke, Braine-le-Comte, où étoit le quartier général, derrière la gauche.

En

1691. JUIN. En même tems que M. de Luxembourg avoit marché à Hall, M. de Boufflers s'étoit approché de Liége. Son équipage d'artillerie consistoit en 24. piéces de canon & 12. mortiers. Outre cela, il y avoit à Dinant dix piéces de campagne avec des munitions, prêtes à partir au premier ordre. M. de Boufflers avoit assemblé son armée entre Marche & Rochefort, d'où il étoit parti le 30. de Mai. Chemin faisant, il s'étoit emparé du château de Florsée, où il avoit fait quarante prisonniers.

Il arriva le 2. Juin devant Liége, où il trouva que les ennemis avoient élevé un Fort à Chenaye, gardé par 300. hommes. Ils occupoient aussi la Chartreuse, & s'étoient retranchés dans les fauxbourgs voisins.

Le 2. au soir M. de Boufflers fit travailler à des batteries de canon & de mortiers. Elles commencerent le 3. vers midi à foudroier les postes qu'occupoient les ennemis; ils furent presque aussitôt abandonnés aux troupes du Roi. On tira ensuite, pendant plusieurs jours, quantité de bombes & de boulets rouges, qui mirent le feu en différens endroits de la ville, & qui y causerent beaucoup de dommage.

La Cour avoit compté que la crainte du bombardement obligeroit les Liégeois à demander de renouveller l'acte de neutralité qu'ils avoient rompu, & les engageroit à offrir quelque somme pour qu'on épargnât leur ville; du moins c'étoit-là le but qu'on s'étoit proposé dans cette expédition. En ce cas, M. de Boufflers avoit ordre d'exiger qu'ils commençassent par licencier leurs trou-

pes,

pes, & on lui permettoit de se relâcher jusqu'à 600. mille livres pour les offres qui lui seroient faites. 1691. JUIN.

Mais comme, il pouvoit aussi arriver que les ennemis vinssent en grand nombre secourir Liége, il devoit ne rien tenter, s'il étoit assûré que les troupes, qu'il auroit en tête, seroient au nombre de 18. à 20. mille hommes. M. de 't Serclas & le Comte de Lippe, avec environ 10000. hommes des troupes de Liége ou des Alliés, étoient accourus au secours de la place; mais trop foibles pour combattre M. de Boufflers, ils furent spectateurs du dommage, sans pouvoir l'empêcher.

Le bombardement n'aiant produit d'autre effet que celui de ruiner un grand nombre de maisons, & le séjour des troupes du Roi devant Liége ne pouvant, à cause des secours y envoiés par les Alliés, effectuer ce que desiroit la Cour, M. de Boufflers se mit en marche le 6. avec ses troupes & son artillerie. Il revint auprès de Dinant, sans être inquiété dans sa retraite, hormis qu'il fut suivi par trois escadrons que les ennemis détacherent à sa poursuite; mais plutôt pour être assûrés de sa marche que pour la troubler.

Les troupes, qui étoient revenues de Liége sous les ordres de M. de Boufflers, avoient été destinées pour servir contre celles de Munster, de Hesse, de Brandebourg & du Duc de Zell, qui, suivant un projet arrêté à la Haye, devoient former une armée sur la Moselle. Mais la Cour, aiant appris que les troupes de Munster ne s'y rendroient pas; que les 2600. hommes de Zell & une partie des troupes de Brandebourg, au nombre de 5000. hommes, devoient agir avec les Es-

1691. JUIN. pagnols; qu'une autre partie avoit marché en Hongrie, & que les ordres de l'Empereur paroissoient appeller les troupes de Hesse au-delà du Rhin, elle ordonna à M. de Boufflers de faire passer en Flandre 10. bataillons & 30. escadrons de ses troupes, & de se tenir avec 10. autres bataillons & 31. escadrons auprès de Dinant pour veiller de ce côté-là sur la frontière. Elle recommanda aussi à M. de Luxembourg de renforcer les Lignes pour plus grande sûreté. Non content d'y avoir détaché le 6. Juin neuf escadrons, parce que sa position les laissoit un peu découvertes, il y fit encore marcher deux bataillons & trois escadrons des troupes que lui envoioit M. de Boufflers.

Le 10. Juin un gros détachement partit pour Nivelle sous les ordres de M. d'Artaignan, Major-général de l'armée, afin de travailler à la démolition des murs de cette ville. On les ébrêcha en quatre différens endroits. L'Abbesse, qui est Dame du lieu, fit promettre à M. de Castanaga que, pourvû que les troupes du Roi s'abstinssent d'y entrer, les Alliés n'y en mettroient aucunes des leurs. Elle proposa à M. de Luxembourg d'observer les mêmes conditions; mais il ne voulut rien accorder sans le consentement de la Cour, qui ne jugea pas à propos de s'expliquer là-dessus. Les troupes, qui étoient à Nivelle, servirent de tête avancée pour un grand fourrage que l'on fit en même tems entre le ruisseau des Escaussienes & celui de Seneff, sous l'escorte de 1000. hommes d'infanterie & de 500. chevaux. En voici la disposition.

On commença à former l'enceinte au bois de Rougegelin, où on plaça de l'infanterie. De là, en suivant le chemin jusqu'à Marcq, on mit des détachemens de distance en distance pour empêcher les fourrageurs de se jetter sur la droite. 1691. JUIN.

On eut soin de garnir le bois de l'Escail. Le château des Escaussienes, de même que ceux de Feluy, d'Herypont & de la Folie, furent gardés, chacun par dix hommes.

On garnit aussi le bois de la Harpe au-delà de la Senne & celui del-Houssière jusqu'à la hauteur de Ronkiers, où on laissa de l'infanterie. On mit un poste à la chapelle de Notre-Dame-de-Grace, un autre au château de la Roque, & on garda soigneusement le ruisseau, en remontant depuis Ronkiers jusqu'à Arquenne.

Les 500. chevaux furent divisés en dix troupes, dont six pour la droite du fourrage, & quatre pour la gauche. On posta la première troupe auprès du bois de Rougelin, faisant face au moulin du Rœux; la seconde entre la première & le village de Marcq; la troisième par-delà cet endroit, tournant le front au château de Familleretix. Ces trois troupes en détacherent de petites pour se communiquer, & pour former une chaîne qui empêchât les fourrageurs de passer plus loin. Les trois autres, destinées pour la droite, furent postées dans la plaine & sur la hauteur de Seneff. Elles faisoient tête au ruisseau qui passe à Arquenne, & étoient placées à distance égale l'une de l'autre, mais de façon que la dernière se trouvoit à hauteur d'Arquenne, aiant Feluy à dos.

Les quatre troupes pour la gauche eurent poste entre

1691. JUIN.

tre Ronkiers & Arquenne. Il y avoit une garde de cavalerie près d'Herypont, qu'on avança au-delà du village & près de Ronkiers. La marche des fourrageurs se fit sur trois colonnes, voici de quelle manière.

Celle de la droite fut pour l'aîle gauche & les vivres. Elle passa sur des ponts, qu'on avoit faits derrière le camp, pour aller au moulin de Braine, d'où, laissant le chemin de la Folie à gauche, elle prit celui de Belle-tête, pénétra par le bois de Rougelin à Marcq, & quand elle fut près de ce village, on lâcha les fourrageurs.

La seconde colonne fut pour le quartier général, l'infanterie & l'artillerie. Cette colonne, qui passoit dans Braine, sortit par la porte de Mons, d'où, prenant à gauche, elle tint le chemin de Belle-tête sur sa droite & celui d'Herypont sur sa gauche, alla droit à la Folie où elle traversa le gué, & de là jusqu'auprès de Feluy, où on laissa aller les fourrageurs.

La troisième colonne fut pour l'aîle droite. Elle laissa Braine-le-Comte à droite & le bois del-Houssière à gauche, alla passer le gué près de la cense de Gente, & marcha jusqu'à ce que la tête de la colonne aiant atteint la cense de Clairebois, on permit aux fourrageurs de faire leur besogne.

Le Prince d'Orange, qui étoit arrivé le 2. Juin à Bruxelles, avoit trouvé ses troupes, encore saisies d'étonnement à la vûe de la démarche hardie que celles du Roi venoient de risquer. En même tems qu'il y rassembla la plus grande partie de l'armée qui devoit agir sous ses ordres, il fit avancer à Huy & à Namur les trou-

troupes qui étoient à Liége; ce qui annonçoit quelque dessein contre le Hainaut. Ce Prince, en qui l'Empire & la Hollande avoient toute la confiance imaginable, étoit venu se charger du commandement de l'armée des Alliés, quoique l'Irlande ne fût pas encore entiérement soumise à son obéissance. Afin d'encourager les Etats-Généraux à faire de nouveaux efforts pour soutenir la guerre, il leur avoit donné parole qu'avant la fin de la campagne il les dédommageroit de la perte de Mons par quelque importante entreprise. Il s'étoit vanté qu'il occuperoit assez M. de Luxembourg pour l'obliger de se tenir sur la défensive, & n'avoit pas hésité de dire publiquement qu'il viendroit à bout de rendre la cavalerie du Roi peu redoutable par la précaution qu'il auroit d'entre-mêler des bataillons parmi la sienne. M. de Luxembourg en étoit instruit. Il songea de son côté à fortifier son infanterie, & se proposa de placer plusieurs escadrons entre ses deux lignes (a).

1691. JUIN.

Jusqu'alors la Cour sembloit n'avoir d'autres vûes que celles de faire subsister l'armée du Roi sur les terres ennemies. Elle ne formoit de projets pour ses opérations qu'autant que les mouvemens des Alliés pourroient donner lieu à quelque entreprise. Elle ignoroit encore par quel endroit ils chercheroient à pénétrer dans le pays

(a) M. de Luxembourg ne s'étend pas davantage sur cette idée, & il se contente de la repeter dans différentes Lettres. Par la rélation de la bataille d'Ensheim, qui fut envoiée à la Cour, il paroît que dans cette occasion M. de Turenne avoit pratiqué cette méthode, & que dans sa première disposition il avoit placé plusieurs escadrons entre sa première & sa seconde ligne d'infanterie. Les avantages, qu'on en doit retirer dans un pays de plaine, sont trop évidens pour exiger des réflexions.

1691. JUIN. pays qui étoit sous la domination du Roi; mais en prenant le parti de renforcer M. de Luxembourg de la moitié des troupes de M. de Boufflers, elle esperoit qu'il seroit en état de s'opposer à leurs tentatives. Elle prévoioit clairement que leurs efforts se feroient du côté de la mer, & doutoit de la Sambre, au sujet de laquelle elle étoit rassûrée par le Corps que M. de Boufflers commandoit près de Dinant. Elle entrevoioit encore que la position de l'armée du Roi à Braine-le-Comte les empêcheroit de quitter les environs de Bruxelles, parce que s'ils s'éloignoient de cette place, ils avoient à craindre qu'elle ne fût bombardée.

Enfin la Cour, plus inquiéte pour les Lignes que pour le Hainaut, proposa à M. de Luxembourg de se porter entre Kestergat & Ninove. Ce mouvement étoit tout à la fois propre à garantir ce que l'on craignoit le plus, & à éclaircir le doute où l'on étoit sur les desseins des ennemis.

M. de Luxembourg tomboit d'accord qu'en marchant sur la Dendre, on détermineroit les Alliés à se déclarer pour l'un ou l'autre côté. Il ne voioit pas qu'entre Kestergat & Ninove il lui convint d'asseoir ses camps dans un pays rempli de bois & stérile en eau. Il eût mieux aimé camper à Lessines; mais les terres des environs n'aiant point été ensemencées, il ne pouvoit y séjourner long-tems. Il n'y avoit que Ninove qui pût l'accommoder pour la subsistance de sa cavalerie. Ainsi, en cas qu'il fallût marcher sur la Dendre, il comptoit de faire transporter dans cette place des fours de fer & des farines par un grand convoi qu'il tireroit de Tournai, &

& qui, laissant Renay à droite, passeroit à la pointe du bois de Cocambre, & se rendroit sur la Dendre avec une escorte plus forte que la garnison d'Oudenarde. En attendant, il crut que pour remplir les vûes de la Cour & les siennes, il vaudroit mieux se placer à Nivelle ou à Enghien, qu'à Ninove, du moins aussi long-tems que les ennemis s'arrêteroient aux environs de Bruxelles. 1691. JUIN.

Nivelle étoit un poste commode pour ses vivres, & d'où il pouvoit donner de la jalousie à Louvain & à Bruxelles. C'étoit le seul camp qu'il pût prendre pour obliger les ennemis de rester entre ces deux places, & s'il réussissoit à les y tenir, il les réduisoit à la nécessité de manger la meilleure partie de leur pays.

Il ne trouvoit en cela d'autre inconvénient que celui de laisser les Lignes un peu plus découvertes; mais les troupes, qui en avoient la garde sous les ordres de M. de Villars, suffisoient pour soutenir une première attaque & pour donner le tems d'y envoier du secours.

Il envisageoit Enghien comme un poste non moins avantageux. Au moïen de ponts que l'on jetteroit à Lessines & à Espierre, les troupes pouvoient promptement passer de là aux Lignes & y prévenir les ennemis. M. de Luxembourg y avoit occupé un camp en allant à Hall; mais comme il étoit commandé par des hauteurs sur sa droite, il envoia M. de Rosen & M. d'Artaignan, Major-général de l'armée, en reconnoître un autre, qui avoit la droite au ruisseau de Steenkerke.

Il ne craignoit pas tant les mouvemens des ennemis vers l'Escaut, qu'il appréhendoit leur marche sur

la

1691. JUIN. la Sambre. M. de Luxembourg se faisoit de celle-ci une affaire sérieuse, & il étoit persuadé que le meilleur parti étoit de cotoïer le Prince d'Orange, de passer la Sambre en même tems qu'il la passeroit, afin d'éclairer de près ses démarches.

Quant au bombardement de Bruxelles, il avoit de la peine à croire qu'il produisît jamais l'effet qu'en espe-roit la Cour. Il le réputoit pour un foible dédommagement de quelque place dont les Alliés hazarderoient le siége, parce qu'aiant tout le tems de se retrancher, ils pourroient s'y prendre de façon qu'il seroit dangereux de les attaquer, & peut-être impossible de les forcer dans leurs retranchemens.

Ainsi se consultoient la Cour & le Général, lorsque les ennemis résolurent de se mettre en marche. Ils allerent le 17. entre Dieghem & Bruxelles, & le lendemain à Leefdael près de Louvain, d'où ils s'avancerent à Wavre. Outre la garnison, le Prince d'Orange laissa à Bruxelles dix bataillons de son armée, afin d'assûrer cette place, en attendant que l'armée du Roi s'en éloignât.

Malgré les mouvemens des ennemis, M. de Luxembourg ne se pressa pas de quitter le camp de Braine-le-Comte pour s'approcher de la Sambre. Leur marche laissoit à découvert le pays entre Vilvorde & l'Escaut; on en profita pour y établir des contributions, & on envoia des partis dans la forêt de Soignes pénétrer entre Louvain & Bruxelles.

La Cour, qui avoit eu envie de faire bombarder cette dernière place, en reprit le dessein aussitôt qu'elle sut que les Alliés avoient marché sur la Dyle; cependant el-

elle crut devoir en renvoier l'exécution à un autre tems. 1691. JUIN.

Le 20. M. de Rubantel, avec le détachement de l'armée de M. de Boufflers, vint camper à Montigny près de Cambron. M. de Luxembourg jugea à propos qu'il y restât, tant pour la commodité des fourrages, que pour donner du repos à ses troupes, qui en avoient besoin.

Le 21. M. le Chevalier du Rosel alla en parti du coté du camp des ennemis, & leur enleva 40. cavaliers avec 90. chevaux dans un petit combat où il eut le dessus, quoiqu'ils fussent de moitié plus forts en nombre.

Dès que les Alliés se furent approchés de Wavre; M. de Luxembourg donna à M. de Boufflers avis de leur marche. Il lui manda de faire entrer quelques bataillons dans Dinant & Philippeville, & de se préparer à le joindre avec le reste de ses troupes. M. de Boufflers reçut l'avis en même tems qu'il lui survint un ordre de la Cour, qui, craignant que les ennemis ne lui tombassent sur les bras avec quelque détachement considérable, vouloit qu'il se retirât derrière la Semoy, s'ils marchoient en forces contre lui.

Cependant, afin que ce Corps de troupes pût agir de concert avec l'armée, la Cour convint avec M. de Luxembourg que M. de Boufflers camperoit à Beaumont, en attendant que les troupes de Hesse, qui avoient passé le Rhin pour se porter sur la Meuse, prissent le parti de joindre l'armée des Alliés. Il fut aussi réglé que M. de Villars, qui commandoit aux Lignes, iroit camper à Belœil avec la meilleure partie de ses trou-

1691. JUIN. troupes, pendant qu'il n'y auroit que des garnisons médiocres à Gand & à Oudenarde. En conséquence de ces arrangemens, M. de Boufflers passa la Sambre, & M. de Villars marcha à Belœil.

Les troupes de Hesse & de Brandebourg, qui étoient dans le Pays de Juliers, donnoient à la Cour sujet de craindre que le but de leur marche ne fût de s'avancer avec celles de Liége entre la Meuse & la Moselle. Outre les neuf escadrons que M. de Boufflers eut ordre de mener à Arlon, elle y envoia deux bataillons & treize escadrons qui furent détachés de l'armée d'Allemagne, & permit à M. de Boufflers de prendre sur les garnisons de la frontière autant de troupes qu'il lui en faudroit pour former un Corps de 5. bataillons & de 30. escadrons.

En partant pour Arlon, M. de Boufflers laissa M. d'Auger, Lieutenant-Général, entre Sambre & Meuse avec le reste de ses troupes pour assûrer le Hainaut.

M. de Luxembourg apprit que le 26. les Alliés avoient marché à Gemblours. Il étoit si persuadé qu'il falloit les suivre sur la Sambre, qu'il décampa dès le lendemain pour aller camper à Haine-Saint-Pierre & Haine-Saint-Paul. L'armée y reçut les troupes que commandoit M. de Rubantel, & on en forma un nouvel ordre de bataille.

Marche de Braine-le-Comte à Haine-Saint-Pierre & Saint-Paul.

La marche de l'armée se fit sur six colonnes. On sonna le boute-selle, on battit la générale à la pointe du jour, à cheval & l'assemblée une heure après.

L'aîle gauche fit la colonne de la droite. Le Mestre-de-

de-Camp en eut la tête, & fut suivi des Brigades de Pracontal & d'Houdetot, puis de celle de Saint-Simon & du reste de la seconde ligne dans le même ordre que la première. Cette colonne alla traverser sur un pont derrière sa gauche le ruisseau qui va du petit Rœux à Steenkerke, enfila un chemin qui mene de Steenkerke à Soignies, laissant Horrues sur sa droite & Soignies à sa gauche. Elle vint ensuite passer à la Justice de Soignies, de là au hameau del Sezennes, d'où elle dirigea, à la gauche de Thieusies, sa marche par Gottigny, & mettant Ville-sur-Haine à droite, Thieu à gauche, elle passa à un gué entre Boussoit & Thieu, & se trouva à la gauche de son camp.

1691. JUIN.

La seconde colonne fut pour l'artillerie, avec laquelle les Fusiliers marcherent à leur ordinaire. Elle fut suivie des bagages des Brigades du Roi, de Stoppa, de Polier, & de ceux de l'aîle gauche de cavalerie, suivant le rang prescrit pour leur marche.

Ces bagages s'assemblerent au-delà du ruisseau qui passoit à la queuë du camp près du chemin de Soignies, qu'ils laisserent sur leur gauche, & où ils attendirent l'artillerie pour la suivre. Celle-ci, sortant de son parc, traversa les deux lignes, jetta des ponts sur le ruisseau qu'elle traversa, gagna & suivit le grand chemin de Braine à Soignies. Au-lieu d'entrer dans la ville, elle prit à gauche, & passa sur un pont qui étoit dans le fauxbourg, d'où, tournant encore à gauche, elle entra dans la plaine, tint le grand chemin qui conduit à Thieusies & qu'elle laissa à droite, se fit une ouverture à travers champs pour aller en droiture à la Justi-

1691. JUIN. ce du Rœux & à Thieu, où elle passa le ruisseau & entra dans la plaine du camp.

La troisième colonne fut pour les Brigades de la gauche des deux lignes d'infanterie; la Brigade du Roi en eut la tête, & fut suivie de celles de Stoppa & Polier. Cette colonne, afin de ne pas embarrasser la marche de l'artillerie, passa au-dessus de son parc, tourna à droite pour se rendre aux ponts au-dessus de Braine, laissa libre le grand chemin qui sort de la porte de Mons, prit de là celui qui conduit de Braine à Naast, traversa ce dernier village pour aller à la place au bois, mit le moulin du Rœux & le Rœux à sa gauche, passa à la Maladrerie du Rœux & à Braquignies, d'où elle entra dans la plaine du camp.

La quatrième colonne fut pour les bagages du quartier général de l'aîle droite de cavalerie, en commençant par la Maison du Roi, & pour ceux des Brigades d'infanterie de Navarre, des Gardes & de Saint-Laurent. Cette colonne sortit par la porte de Mons, & on garda les autres portes du quartier général, tant afin que les bagages ne sortissent pas par une autre, que pour empêcher qu'il n'y en entrât aucuns. Lorsque les bagages du quartier général furent sortis, ceux de la Maison du Roi, & les autres qui devoient les suivre, entrerent par la porte qui menoit à leur camp. En sortant de la porte de Mons, cette colonne prit le chemin des censes Joquet & Joquarde, puis celui qui va du cabaret de Belle-tête à Mignaut, passa de là entre Houde & Gognies, où elle entra dans la plaine du camp.

La cinquième colonne fut pour les Brigades de Navarvarre, des Gardes & de Saint-Laurent, lesquelles allerent gagner un chemin, qui étoit derrière les Gardes du Roi, pour passer près de la porte de Nivelle, à droite de laquelle elles coulerent le long des murailles. Ensuite pliant à gauche, elles marcherent à travers champs par un chemin qu'on avoit ouvert sur la gauche de celui d'Hérypont. De là cette colonne alla passer au pont Louvi au-delà de la cense d'Elcourt qu'elle laissa à gauche, puis au pont de Boulan, d'où elle côtoïa les bois de Courier jusqu'à ce qu'elle eût rejoint le chemin du Rœux à la petite Louvière, qu'elle tint à droite & le Toulifaut à gauche, pour entrer dans la plaine du camp. 1691. JUIN.

La sixième & dernière colonne, qui faisoit celle de la gauche, fut pour l'aîle droite de cavalerie ; la Maison du Roi en eut la tête, & fut suivie du reste de la première ligne, ensuite de la Brigade de Montfort & du reste de la seconde ligne. Cette colonne prit un chemin qui mene à la tête du bois del-Houssière, passa à la Folie & à Marcq, qu'elle laissa à droite pour aller reprendre au-delà du village le chemin de Famillereux, marcha de là au bois de Haine & au Fayt, & suivit le chemin qui conduit à la hauteur d'Hardemont, où étoit son camp.

On commanda 600. hommes, que l'on partagea dans les colonnes des équipages. La moitié de ce détachement eut son rendez-vous à la droite du chemin de Soignies, à la hauteur du parc des caissons.

Le reste s'assembla, au-delà de la porte de Mons, sur le chemin marqué pour les bagages du quartier général.

 L'ar-

1691. JUIN. L'armée campa sur deux lignes, la droite à la hauteur d'Hardemont près de Marimont, & la gauche à Thieu. On établit le quartier général à Haine-Saint-Pierre, qui étoit derrière la cavalerie de la droite.

M. de Roquelaure vint camper à Ville-sur-Haine avec trois bataillons des troupes que M. de Boufflers avoit laissées à M. d'Auger. En même tems M. de Villars, accompagné d'une grande partie de la cavalerie qui étoit aux Lignes, s'avança à Baudour près de Mons.

Toutes les nouvelles portoient que les troupes de Liége, & quelques autres que les Alliés avoient envoïées à Namur, formeroient le siége de Dinant aussitôt que la grosse artillerie, embarquée à Liége pour cette expédition, arriveroit à Namur en remontant la Meuse. M. de Luxembourg n'en crut rien. Il prit ce rapport tout au plus pour une fausse démonstration, ou pour un projet éloigné, parce que peu de jours après, les troupes, qui étoient à Namur, rejoignirent les ennemis à Gemblours. Cette jonction lui fit soupçonner avec plus de vraisemblance qu'ils avoient dessein de combattre l'armée du Roi.

La Cour étoit toujours persuadée que le bombardement de Bruxelles les détourneroit de toute entreprise. Elle enjoignit à M. de Luxembourg de préparer ce qui étoit nécessaire pour l'exécution, & afin de pouvoir mieux juger si leur crainte répondroit à son attente, elle lui ordonna d'en répandre le bruit, tandis qu'il s'avanceroit à Enghien. Elle souhaitoit aussi qu'il examinât si, en attaquant Bruxelles du côté d'Anderlecht, il y

y auroit moïen de s'en emparer; mais elle ne prétendoit 1691.
pas qu'on en formât l'investissement, à moins qu'on ne JUIN.
fût sûr de s'en rendre maître. Elle vouloit éviter la honte qu'entraîne toujours après elle la levée d'un siége.

S'il arrivoit que les ennemis assiégeassent Dinant pendant que l'armée du Roi marcheroit à Bruxelles, l'intention de la Cour étoit que pour assûrer le Hainaut & défendre la frontière, M. d'Auger eût sous lui 5. à 6000. chevaux & quelque infanterie; qu'avec ce Corps il harcelât & inquiétât les ennemis; que M. de Boufflers avec sa cavalerie s'approchât de la Meuse entre Charlemont & Mezieres pour arrêter leurs courses; & que si le bombardement de Bruxelles ne suffisoit pas pour faire lever le siége de Dinant, M. de Luxembourg, après avoir achevé son expédition, essaïât de secourir la place.

Le Duc pensoit bien différemment. Il représenta à la Cour qu'il étoit inutile d'attaquer Bruxelles sans l'investir, & qu'en tout cas on feroit mieux d'assiéger cette ville que de la bombarder; mais qu'il étoit fort à craindre qu'après avoir détaché des troupes aux Lignes & d'autres sous les ordres de M. d'Auger, les ennemis ne prissent le parti de le combattre, même avec succès. Il ajouta que si on s'amusoit à bombarder Bruxelles, on perdroit le tems propre à secourir Dinant, & que pour se dédommager de la perte de cette place, le meilleur moïen étoit d'assiéger Ath, où il n'y avoit que six bataillons assez foibles. Certainement cette conquête eût été plus avantageuse que la perte de Dinant n'auroit été préjudiciable aux armes du Roi, & M. d'Au-

1691. JUIN. d'Auger pouvant y prévenir les Alliés, toutes les forces se seroient trouvées conjointes pour combattre.

M. de Luxembourg n'estimoit pas la perte de Dinant une affaire de grande conséquence, parce qu'aiant Charlemont & faisant réparer les ouvrages de Mezieres, la frontière étoit hors de risque: mais comme il se pouvoit qu'au-lieu de cette place, les ennemis assiégeassent Philippeville, il étoit d'avis de ne rien négliger pour sauver celle-ci, qui lui paroissoit beaucoup plus importante que l'autre; aussi préferoit-il de passer la Sambre en même tems qu'ils traverseroient cette rivière, plûtôt que de marcher de tout autre côté. Il pensoit qu'en se portant à Florennes, sa position seroit un obstacle aux Alliés, ou d'attaquer Philippeville, ou de marcher à Dinant, sans s'exposer à un échec, persuadé qu'à la faveur de leur marche dans des défilés, il auroit bon marché de leurs troupes séparées les unes des autres, & que s'ils s'avisoient d'insulter ce poste, ils ne tenteroient de le forcer qu'à leur grand desavantage.

Quelque solides que fussent ces représentations, M. de Luxembourg reçut des ordres de s'approcher de Bruxelles. Afin d'obliger les ennemis de diviser leurs forces, la Cour conçut le dessein de faire pénétrer dans les Duchés de Luxembourg & de Juliers les troupes qui étoient à Arlon & sur la Moselle aux ordres de M. de Boufflers & de M. d'Harcourt. Elle comptoit que le bombardement de Bruxelles & cette diversion mettroient le Prince d'Orange dans la nécessité de s'affoiblir par des détachemens, & l'empêcheroit de rien entreprendre,

dre,

dre. En conséquence de ses ordres, M. de Luxembourg marcha le 7. Juillet à Soignies. 1691. JUILLET.

Marche de Haine-Saint-Pierre & Saint-Paul à Soignies.

L'aîle droite de cavalerie forma la colonne de la droite. La Maison du Roi en eut la tête, & fut suivie du reste de la première ligne de cette aîle dans l'ordre où elle étoit campée, ensuite de la Brigade de Bolhen & du reste de la seconde ligne. Cette colonne prit sa marche par le Fayt, d'où elle alla au bois de Haine, laissa Familleroux à droite, passa à Megneau, & de là à Naast, où elle traversa le ruisseau pour entrer par la queuë de son camp.

La seconde colonne fut pour les gros & menus bagages du quartier général & ceux de l'aîle droite de cavalerie dans l'ordre marqué ci-dessus pour la marche des troupes. Ils eurent leur rendez-vous à la tête de la Brigade de Quadt, d'où ils prirent le chemin qui conduit à Houden, allerent à Goignies, au Rœux, ensuite au moulin de ce village, entrerent de là dans le bois de Naast à la Buze, & se firent des ouvertures aux endroits, qui leur avoient été marqués, pour gagner la haute Folie, où ils se trouverent à la gauche du camp.

La troisième colonne fut pour les Brigades d'infanterie de Navarre, Poitou, Vaubecourt, les Gardes & Stoppa. Cette colonne, partant de la tête de son camp, laissa le parc de l'artillerie à gauche pour marcher à Braquignies, & de là à la Maladrerie du Rœux. Ensuite elle mit le Rœux à sa droite, arriva à la place au bois, d'où elle continua son chemin comme si elle eût voulu aller entre Naast & Soignies, & tenant le chemin de

1691. JUILLET. Thieusies à Soignies sur sa gauche, elle se trouva dans son camp.

La quatrième colonne fut pour l'artillerie, les gros & menus équipages de l'aîle droite d'infanterie, lesquels s'assemblerent à la tête de l'artillerie pour en prendre la queuë, & réglerent leur marche sur l'ordre que tenoient leurs troupes. Cette colonne descendit en droiture à Thieu, y passa le ruisseau à gué pour se rendre à la Justice du Rœux, continua de là sa marche par Thieusies, le laissa à gauche, & passant par des ouvertures qui étoient déjà faites, elle suivit le chemin de Thieusies à Soignies, qui étoit au centre de la ligne.

La cinquième colonne fut pour les Brigades de la gauche de l'infanterie, qui étoient Champagne, le Roi, Roussillon & Porlier, lesquelles marcherent dans l'ordre où elles étoient campées. Cette colonne prit sa marche par la tête de la première ligne de l'aîle gauche pour aller droit à Thieu, d'où, laissant le chemin de l'artillerie & Thieu à sa droite, elle passa au pont qui étoit le plus voisin du village, alla à travers champs à Gottignies, & ensuite à Thieusies, qu'elle tint à droite. De là elle prit par le hameau de la Cesinnes & par la Justice de Soignies, & continuant de marcher vers Soignies, elle tourna à gauche lorsqu'elle fut près du camp, comme si elle eût voulu aller à Ubomé, & se trouva à la tête de son camp.

La sixième colonne fut pour les gros & menus bagages de l'aîle gauche de cavalerie & des Brigades de la gauche d'infanterie. Ceux de la première ligne de cavalerie défilerent les premiers comme ils étoient campés, en-

ensuite les bagages de la seconde ligne, lesquels furent suivis de ceux de la Brigade de Champagne, du Roi, de Roussillon & Porlier. Leur rendez-vous fut à la gauche de la ligne, près du pont qui étoit au milieu des trois que l'on avoit construits entre Thieu & Boussoit. Cette colonne passa sur le pont du milieu, d'où elle alla, à travers champs par un chemin qu'on lui avoit fait, gagner le Casteau, & passa entre Gottignies & Ville-sur-Haisne, laissant sur la gauche la marche de la cavalerie qui alloit à Ville-sur-Haisne, & sur la droite celle de l'infanterie qui marchoit de Gottignies à Thieusies. Quand elle fut au Casteau, elle prit le chemin de Neuville, tint ce village à gauche, marcha dans les terres pour aller à Ubomé, & se trouva dans la plaine du camp.

1691. JUILLET.

La septième colonne, qui étoit celle de la gauche, fut pour l'aîle gauche de cavalerie, dont le Mestre-de-Camp eut la tête, & fut suivi du reste de la première ligne de cette aîle, ensuite de la Brigade de Houdetot & du reste de la seconde. Cette colonne, tournant à gauche derrière elle, enfila le chemin de Boussoit, rasa les haies de ce village qu'elle laissa à gauche, passa au pont de la gauche des trois-ci-dessus nommés, & alla gagner le chemin de Ville-sur-Haisne. Après avoir traversé ce village pour aller à Saint-Denis, elle prit & suivit la chaussée de Mons à Enghien. Parvenue à la hauteur de Neuville, elle tourna à droite vers la cense du Longpont, mit Neuville à sa droite, Cauchie-Notre-Dame à sa gauche, & dès qu'elle eut passé le ruisseau, elle se trouva à la droite du camp, qui fut son poste.

 On

1691. JUIL-LET. On envoia des Officiers des Brigades, qui avoient l'avant-garde des colonnes, reconnoître les chemins par où elles devoient sortir du camp.

Les Prevôts des Régimens & les Wagues-Mestres eurent ordre d'examiner les chemins pour conduire les bagages au rendez-vous assigné, & de leur faire observer l'ordre qu'ils avoient à tenir dans leur marche.

On détacha un parti d'infanterie du côté de Reves, avec ordre de donner avis de ce qu'il pourroit apprendre, & on indiqua à l'Officier, qui le commandoit, le chemin que devoit suivre la colonne de la droite.

M. de Roquelaure, qui campoit à Ville-sur-Haisne avec trois bataillons, prit la tête de la colonne qui devoit passer auprès de ce village.

On fit tenir à M. de Villars, campé à Baudour, son ordre de marche avec la commission de recevoir & de conduire au camp de Soignies 100. charriots, chargés de munitions, qui arrivoient de Mons. On lui manda aussi d'envoier 100. hommes de pied dans les bois auprès de Toricourt, lesquels ne revinrent au camp que vers le soir.

L'armée campa sur deux lignes, sa droite appuiée au ruisseau qui tombe à Cauchie-Notre-Dame, sa gauche au bois de Naast qui joint la haie du Rœux, & Soignies, où étoit le quartier général, derrière le centre.

Peu de jours après l'arrivée de l'armée dans ce camp, les ennemis firent un gros détachement pour Bruxelles. On interpréta d'abord cette démarche pour une marque de de la crainte qu'ils avoient d'un bombardement, mais on vit ensuite que ce n'étoit que pour en tirer un convoi que le Prince d'Orange vouloit faire venir à son armée. 1691. JUILLET.

Le 10., sur la nouvelle que M. de Castanaga avec 13. escadrons devoit se rendre de Bruxelles à Oudenarde & y rassembler de l'infanterie, M. de Villars retourna aux Lignes avec les troupes qu'il en avoit prises.

M. de Luxembourg hésitoit de s'avancer à Enghien. Il voioit que cette marche l'éloignoit de son objet, il pressentoit que les ennemis, instruits de ses desseins contre Bruxelles, pourroient lui permettre de s'en approcher, profiter de cet entretems pour passer la Sambre, & investir telle place qu'ils jugeroient à propos.

Peut-être aussi que le Prince d'Orange, qui n'ignoroit pas l'envie qu'avoit la Cour de faire bombarder Bruxelles, eût été bien aise que M. de Luxembourg se fût attaqué à cette place, pour trouver le moment de se mettre entre Mons & l'armée du Roi. Ce mouvement l'auroit obligée de se retirer, non seulement avec précipitation, mais avec risque de perdre une partie de ses bagages & de son équipage d'artillerie, étant poursuivie dans sa retraite par la garnison de Bruxelles & par les 13. escadrons que M. de Castanaga y avoit amenés. Tout l'inconvénient auroit pû, il est vrai, se réduire simplement à se retirer sain & sauf sur la Dendre; mais avec cela l'armée des Alliés auroit conservé l'avantage de masquer Dinant, ou Philippeville avant que celle du Roi eût pû s'en approcher.

Enfin la Cour s'étant rendue aux instances de M. de Lux-

1691. JUILLET.

Luxembourg, il fit marcher le 14. son armée aux Estinnes, après avoir détaché la veille M. de Bezons avec 600. chevaux vers le ruisseau du Piéton, afin de couvrir sa marche & de soutenir plusieurs partis qu'il avoit envoiés en avant pour apprendre des nouvelles des ennemis.

Marche de Soignies aux Estinnes.

La marche de Soignies aux Estinnes se fit sur six colonnes; le campement s'assembla à la tête du Régiment du Roi. La colonne de la droite fut pour l'artillerie & pour les bagages des troupes qui devoient composer la troisième & quatrième colonne. Les bagages de l'infanterie suivirent l'artillerie, ensuite marcherent ceux de la cavalerie, lesquels réglerent leur marche sur l'ordre qu'observoient leurs troupes dans leurs colonnes; leur rendez-vous fut auprès de l'artillerie. Cette colonne, sortant de son parc, alla à Neuville, de là à la cense del Court-al-Cauchie, & suivit un chemin qui va joindre celui de Soignies à Ath, où, prenant la route de Mons & traversant la bruyère du Casteau, elle laissa l'Abbaye Saint-Denis à gauche pour passer au pont d'Havré. Après y avoir traversé l'Haisne, elle tint le chemin qui mene à Villers-Saint-Guilain qu'elle mit à droite, de là elle marcha à la Croix Mongloire & se rendit entre les hautes & basses Estinnes, d'où elle entra dans le camp.

La seconde colonne fut pour les bagages du quartier général & des troupes qui faisoient les deux colonnes de la gauche. Les bagages de la colonne d'infanterie en eurent la tête, ensuite ceux de la cavalerie, lesquels dirigerent leur marche suivant l'ordre que tenoient leurs

leurs troupes dans leurs colonnes. Tous ces bagages s'assemblerent à deux cens pas en avant du Régiment du Roi. La colonne suivit le grand chemin qui va de Soignies à Mons jusqu'auprès du Casteau, & le laissant à droite, elle alla à travers champs descendre à Ville-sur-Haisne, de là à la cense de Beaulieu, y prit le grand chemin d'Havré aux basses Estinnes, d'où elle entra dans le camp. 1691. JUILLET.

La troisième colonne fut pour l'aîle gauche de cavalerie qui faisoit la droite dans ce camp. Elle défila dans l'ordre où elle étoit campée, en commençant par la Brigade de Montfort & le reste de la première ligne, ensuite Moignac & le reste de la seconde. Cette colonne vint passer tout le long de la tête du camp de l'infanterie de la première ligne, qu'elle laissa à sa gauche jusqu'à ce qu'elle eût traversé le chemin qui va de Soignies à Mons. Pour lors côtoïant ce chemin à la droite, elle en suivit un autre, fait exprès jusqu'à la cense de Tidonceau, & qui, cette cense à gauche & la Justice de Soignies à droite, s'étendoit jusqu'à Sezenne. De là elle marcha à Thieusies qu'elle mit à gauche, puis à Gottignies, d'où elle passa au pont au-dessus de Thieu & à Boussoit, alla sur la gauche de Maurage à la cense du Foyau, & de cette cense au pont que l'on avoit construit au-dessus de Bray, d'où elle entra dans la plaine du camp.

La quatrième colonne fut pour les Brigades du Roi, de Champagne, Porlier & le Maine, lesquelles défilerent comme elles étoient campées. Cette colonne prit le chemin qui mene de Soignies à Thieusies, le laissa à droite

pour

1691. JUIL-LET. pour gagner Gottignies qu'elle mit aussi du même côté. De là elle alla à travers champs passer le ruisseau à Thieu, d'où elle arriva à Maurage, & y traversa l'Haisne sur un pont que l'on avoit fait pour elle. Ensuite elle passa le ruisseau des Estinnes au pont de Bray, laissa le passage au-dessus pour la colonne qui étoit sur sa droite; après quoi, elle se trouva dans la plaine du camp.

La cinquième colonne fut pour les Brigades d'infanterie de Navarre, de Vaubecourt, des Gardes, de Poitou & Stoppa, lesquelles défilerent comme elles étoient campées. Cette colonne marcha en droiture à la place au bois, de là à la Justice du Rœux, laissa Braquignies à gauche & Thieu à droite, se fit un passage sur le ruisseau pour aller à Strepy & à Peronne, où elle traversa le pont de Tapriau, laissant à sa gauche la cavalerie, qui passa au gravier de Peronne. De là elle prit à travers champs comme si elle eût voulu gagner le bois du Faux Rœux, aiant toujours la cavalerie sur sa gauche, & lorsqu'elle fut à la hauteur des hautes Estinnes, elle se trouva dans son camp.

La sixième & dernière colonne fut pour l'aîle droite de cavalerie, qui avoit la gauche dans ce camp. La Maison du Roi en eut la tête & fut suivie de la première ligne de cette aîle ainsi qu'elle étoit campée, ensuite de la Brigade de Bolhen & du reste de la seconde ligne. Cette colonne, prenant sa marche par la haute Folie, traversa le bois de Naast, en sortit à la Buze pour aller au Rœux, passa ensuite à Braquignies & au gravier de Peronne, laissa le pont de Tapriau sur sa droite pour l'inl'infanterie, & tira de là à travers champs droit au bois du Faux Rœux, où étoit la droite du camp. 1691. JUILLET.

On commanda 800. hommes de pied, dont 600. furent postés de distance en distance dans la colonne de bagages de la droite, à la tête de laquelle étoit l'artillerie, & les 200. autres dans la colonne qui suivoit le quartier général.

On détacha plusieurs partis d'infanterie pour assûrer la marche. Il y en eut un dans les bois de Cambron, un dans les longs bois, autrement les bois de M.M. de Soignies, un dans les bois de Neuville, & un autre dans les bois de Mons.

On envoia aussi un parti d'infanterie à Masnuy-Saint-Pierre, & un autre à Masnuy-Saint-Jean.

Outre les vieilles gardes, destinées pour faire l'arrière-garde des colonnes d'infanterie & des bagages, on commanda 300. chevaux, qui, afin de couvrir la marche de ceux-ci du côté d'Ath, allerent se poster, tant au-delà de Neuville dans la plaine entre Lens & les Masnuy, qu'à Jurbise en-deçà de la Tenre, ou de la Dendre. Une heure avant le jour, les vivres partirent pour Mons avec les charriots chargés de bombes.

Le Régiment des Dragons du Roi marcha avec la colonne de la gauche. Il mit un escadron après la Compagnie de Noailles, & les deux autres à la tête de la Brigade de Bolhen.

L'armée campa sur deux lignes entre le ruisseau des Estinnes & celui de Bonne-Esperance, la droite au bois du Faux Rœux, la gauche à la rivière d'Haisne, Binch devant, & les Estinnes derrière elle.

1691.
JUILLET.

Comme les ennemis avoient encore deux jours d'avance pour masquer Dinant, M. de Luxembourg, craignant d'avoir à côtoïer leur armée, ce qui engage souvent des combats sans avantage de terrein, ordonna à la sienne de marcher le 16. à Merbe-Potterie.

Marche des Estinnes à Merbe-Potterie.

La marche se fit sur six colonnes. On sonna le boute-selle, on battit la générale une heure avant le jour, à cheval & l'assemblée dès qu'il commença tant soit peu à paroître.

La colonne de la droite fut pour l'aîle droite de cavalerie. La Maison du Roi en eut la tête, & fut suivie du reste de la première ligne ainsi qu'elle étoit campée, ensuite de la Brigade de Bolhen & du reste de la seconde ligne. Cette colonne en forma deux pour passer le ruisseau des Estinnes. La Maison du Roi le traversa à un moulin au-dessus des hautes Estinnes & au gué qu'elle y trouva. La seconde ligne, en commençant par Bolhen, passa le ruisseau aux basses Estinnes, & alla prendre la queuë de la première ligne à la cense de Coulombier. De là cette colonne marcha à la cense d'Hautbreucq, & ensuite à Erqueline, où fut son camp.

La seconde colonne fut pour les Brigades d'infanterie de Navarre, de Vaubecourt, des Gardes, Poitou & Stoppa. Cette colonne passa à la tête du camp des Gardes du Roi, laissa la colonne de cavalerie sur sa droite, enfila le sentier de Binch à Faux Rœux, d'où, aiant Faux Rœux & la cense du Saulsois à gauche, elle se rendit à travers champs à la tête du bois de Saillermont, ensuite dans la plaine du camp.

La

La troisième colonne fut pour les bagages du quartier général, de l'aîle droite de cavalerie en commençant par la Maison du Roi, & pour ceux de l'aîle droite d'infanterie en commençant par Navarre. Leur rendez-vous fut à la tête de la Maison du Roi. Cette colonne prit un chemin qui mene le long du bois du Faux Rœux, le laissa à droite, & suivit celui qui va de Binch à Peischant. De là elle rentra dans le chemin qui vient de Mons à Merbe, & traversa le bois de Saillermont pour se rendre dans la plaine du camp.

1691. JUILLET.

La quatrième colonne fut pour l'artillerie, les bagages de l'aîle gauche de cavalerie en commençant par Houdetot, & ceux de l'aîle gauche d'infanterie en commençant par Champagne. Cette colonne prit sur sa droite pour tomber dans un chemin qui conduit à Merbe-Potterie, le suivit & se rendit dans la plaine du camp.

La cinquième colonne fut pour les Brigades d'infanterie de Champagne, du Roi, du Maine & Porlier. Cette colonne alla en droiture à Brusle, prit de là la route de Binch à la Bussière, laissant le chemin Royal sur sa gauche & Merbe-Sainte-Marie sur sa droite. Elle continua sa marche à la gauche de la Houllette & de la colonne de cavalerie, & se rendit dans la plaine du camp.

La sixième & dernière colonne fut pour l'aîle gauche de cavalerie, dont la Brigade de Montfort eut la tête, suivie du reste de la première ligne comme elle étoit campée, ensuite de celle de Saint-Simon & du reste de la seconde ligne. Cette colonne alla passer à Binch & à Brusle, de là au Tri du Menu-bois qu'elle laissa à gauche,

1691. JUILLET. che, prit & suivit le chemin Royal de Binch à la Bussière, & tenant la Houllette à sa droite, elle se rendit dans la plaine du Quesne-al-Bataille, où fut son camp.

Les Dragons marcherent avec la cavalerie des deux aîles.

Les troupes camperent sur deux lignes, la droite à Sart, la gauche à Erqueline, la Sambre derrière elles, & les bois de Saillermont à leur tête.

Leur premier soin fut de jetter trois ponts de bateaux sur la rivière. M. d'Auger joignit l'armée dans ce camp; ses quinze escadrons servirent de réserve.

En arrivant à Merbe-Potterie, on apprit que les ennemis faisoient un pont sous Namur au fauxbourg de Saint-Nicolas. Le bruit couroit dans leur armée qu'ils alloient assiéger Dinant. On ne pouvoit pénétrer au juste quel étoit leur dessein: mais à juger de toutes leurs démonstrations & de leurs préparatifs, ils paroissoient menacer cette place; ce qui occupoit l'esprit de M. de Luxembourg.

Il étoit de l'intérêt du Prince d'Orange de soutenir par quelque entreprise d'éclat sa réputation parmi les Alliés, & la confiance qu'ils avoient en sa personne. Il étoit probable qu'il feroit usage de la supériorité de ses forces, soit pour former un siége, ou pour combattre l'armée du Roi. D'un autre côté la Cour auroit voulu traverser ses desseins, & ne pas courir les risques d'une bataille. Ainsi, après avoir donné ordre à M. de Luxembourg de pourvoir à la défense des Lignes, elle lui recommanda de choisir toujours des situations propres

à

à disputer la victoire avec beaucoup d'avantage, & de faire en même tems tous ses efforts pour empêcher les ennemis d'assiéger aucune place. 1691. JUILLET.

Le Prince d'Orange avoit reçu tous les secours qu'il attendoit. Il pouvoit rassembler 72. bataillons & environ 100. escadrons, sans y comprendre les troupes détachées sous les ordres de M. de Castanaga, ni celles que le Général Flemming & M. de 't Serclas avoient sur la Meuse près de Huy. Ce dernier Corps, composé des troupes de Brandebourg & de Liége au nombre de 17. bataillons & de 13. escadrons, devoit joindre incessamment le Prince d'Orange. On auguroit qu'après cette jonction, les ennemis prendroient le parti de livrer bataille.

Ils avoient encore ceci d'avantageux, qu'ils pouvoient envoier par leurs derrières des troupes sur l'Escaut, sans qu'on en fût informé. Aussi M. de Luxembourg avoit obtenu de la Cour le consentement de tirer des garnisons des places, depuis l'Escaut jusqu'à la mer, autant de troupes qu'il seroit possible, & de les emploier à la défense des Lignes. M. de Villars, qui y commandoit, ramassa par ce moïen 35. escadrons & 7. bataillons, que M. de Luxembourg crut suffisans pour les préserver de danger. Cependant si le cas arrivoit que les ennemis forçassent les Lignes, il croioit aussi qu'il seroit plus à propos de leur abandonner ce petit avantage, que de s'affoiblir quand on seroit près du Prince d'Orange.

Le Duc se faisoit fort d'épier si attentivement ses démarches & de lui causer tant d'embarras, qu'il n'entreprendroit rien sans qu'il y rencontrât de grands obsta-

1691. JUILLET. tacles. Il avoit envoié reconnoître les terreins où il se proposoit de camper, & tenoit des partis des deux côtés de la Sambre pour être instruit de tous les mouvemens des ennemis. Il avoit aussi ordonné à M. de Guiscard, Commandant de Dinant, de brûler tous les fourrages depuis l'Abbaye de Moulin jusqu'à Saint-Gerard, de crainte que par hazard les Alliés n'en profitassent.

Le Prince d'Orange, voiant l'armée du Roi s'approcher de la Sambre, s'imagina qu'elle pourroit la passer avant lui, & soit qu'il eût envie de la déterminer à faire ce pas, ou qu'il voulût l'engager à rester tranquille pendant qu'il leveroit son camp, il tint son aîle gauche à cheval pendant plusieurs jours consécutifs, & la retiroit le soir. Il feignoit de la préparer à traverser la rivière, il rusa à pure perte. M. de Luxembourg se douta de la ruse, & s'en défia. Enfin la nuit du 19. au 20. le Prince d'Orange prit le parti de mener toute son armée à Fleurus. Il passa la Sambre le 21. & marcha le même jour à Gerpinne.

M. de Luxembourg, en aiant eu avis, détacha aussitôt M. de Cheladet pour soutenir ses partis avancés, & s'en fut camper dans la plaine de Boussu, près du défilé de Slenrieu.

Marche de Merbe-Potterie à Boussu & à Slenrieu.

On sonna le boute-selle, on battit là générale à dix heures & demie du matin, à cheval & l'assemblée à onze.

L'armée marcha sur six colonnes. Les deux de la droite furent pour l'artillerie & les bagages, les quatre colonnes de la gauche pour les troupes.

La

La colonne de la gauche fut pour l'aîle gauche de cavalerie, dont le Mestre-de-Camp eut la tête, suivi du reste de la première ligne de cette aîle ainsi qu'elle étoit campée, & de la seconde dans le même ordre. Cette colonne passa au gué des basses Fontaines, alla de là à la cense de Pomereuil, à Biersée, à la chapelle de Ragny & au pont qui étoit au-dessous de Tully, d'où, continuant sa marche par Ossogne, Miertenen & Fontenelle, elle se rendit dans la plaine du camp. 1691. JUILLET.

La seconde colonne fut pour les Brigades d'infanterie de Champagne, du Roi, du Maine & de Porlier. Cette colonne laissa le bois de Merbe à droite pour descendre au pont de la Bussière, marcha entre les hautes & basses Fontaines, d'où, tenant le bois de Fostiau à droite & Biersée à gauche, elle alla à travers champs à Ragny. Ensuite elle passa au pont de Tully au-dessous de l'Église, & mettant Ossogne avec Miertenen à sa gauche, elle traversa le ruisseau de Castillon pour entrer dans la plaine du camp.

La troisième colonne fut pour l'aîle droite d'infanterie, dont Navarre eut la tête, & fut suivi des Brigades de Vaubecourt, des Gardes, de Poitou & de Stoppa. Cette colonne, marchant au-dessus du parc de l'artillerie & le laissant à droite, traversa la Sambre au pont de bateaux de la gauche des deux que l'on avoit fait faire près de Gouy, d'où elle vint passer auprès du château de la Bussière, qu'elle tint à gauche. Elle prit ensuite le chemin des hautes Fontaines au Fostiau qu'elle mit à droite, côtoïa les haies du village, alla à travers champs passer au-dessous de celles de Donstienne,

tra-

1691. JUILLET. traversa le ruisseau de Clermont, & celui de Castillon à la droite des censes du Viscourt pour entrer dans la plaine du camp.

La quatrième colonne fut pour l'aîle droite de cavalerie qui faisoit la gauche dans le camp, & qui étoit campée près d'Erqueline. La colonne passa d'abord le pont de Solre sur Sambre & celui de bateaux entre Solre sur Sambre & Merbe, ensuite le pont de Hantes & celui que l'on avoit jetté au-dessous de ce village. Cette cavalerie eut ordre de faire ce mouvement avec toute la vitesse possible, & de s'avancer dans la plaine, afin que l'artillerie, qui étoit campée près de Gouy, & qui passoit sur le pont que l'on avoit fait auprès de ce village, marchant entre elle & le ruisseau de Hantes, pût former la colonne qu'elle devoit avoir sur sa droite. La Maison du Roi, ainsi que la Gendarmerie, que suivirent les Brigades de Bezons & de Rottembourg, passerent au pont de Solre sur Sambre & à celui de Hantes. La Brigade de Quadt, celles de du Rosel & de Bolhen traverserent le pont entre Merbe & Solre sur Sambre, de là celui que l'on avoit fait au-dessous de Hantes, & la Brigade de Quadt, prenant au-delà des ponts la queuë de la Gendarmerie, fut suivie de la Brigade de Bezons & du reste de la seconde ligne. Cette colonne, laissant les hautes Fontaines à gauche, poussa à travers champs entre le Fostiau & Tapefesse, tint le bois du Fostiau sur sa gauche, marcha par les terres droit à Donstienne, passa le ruisseau dans le village, ensuite celui de Clermont à gué, & alla depuis les censes de de Vifcourt jufqu'au ruiffeau de Caftillon, d'où elle entra dans la plaine du camp. 1691. JUILLET.

La cinquième colonne fut pour l'artillerie, le thréfor, le quartier général, les gros & menus bagages de l'aîle gauche de cavalerie. Cette colonne paffa au pont de la droite des deux que l'on avoit faits près de Gouy, & alla à travers champs droit à Tapefeffe, laiffant l'aîle droite de cavalerie fur fa gauche. De là elle fuivit le chemin qui va à Donftienne, côtoïa les haies du village, vint traverfer le ruiffeau de Clermont au moulin de Donftienne, d'où, tenant les cenfes de Vifcourt à la gauche, elle gagna Caftillon pour entrer dans la plaine du camp.

La fixième & dernière colonne fut pour tous les gros & menus bagages de l'aîle droite de cavalerie & de toute l'infanterie. Ceux de la cavalerie, en commençant par la Maifon du Roi & fuivant l'ordre que les troupes avoient tenu dans leurs marches, pafferent au pont de Solre fur Sambre & à celui de Hantes. Ceux de l'infanterie, en commençant par Navarre & obfervant pour leur marche le même ordre que tenoient leurs troupes, traverferent le pont entre Solre fur Sambre & Merbe, de même que celui qu'on avoit fait au-deffous de Hantes. Enfuite cette colonne, laiffant l'artillerie à fa gauche, marcha à travers champs droit aux cenfes d'Enfonpenne qu'elle mit du même côté, alla de là paffer auprès de Tapefeffe qu'elle tint encore à gauche avec le grand chemin de Donftienne, traverfa le ruiffeau de ce nom à Strées & celui de Clermont dans le village, d'où

1691. JUILLET. d'où elle se rendit par la gauche de Castillon dans la plaine du camp.

On commanda 800. hommes de pied, que l'on distribua par pelotons de distance en distance dans les colonnes des bagages.

Toutes les vieilles gardes firent l'arrière-garde des colonnes de bagages & d'infanterie. Outre cela, la réserve & le Régiment des Dragons de la Reine firent celle de l'armée. En arrivant au défilé de Slenrieu, chaque colonne forma sa ligne, & l'armée campa entre Boussu & Fontenelle, faisant face du côté de l'Abbaye du Jardinet.

Le lendemain 22. du mois, M. de Luxembourg changea de camp, & ordonna à l'armée de marcher à Emptine près de Florennes. Il prit les devants avec quelque cavalerie & alla à Philippeville s'instruire de ce que ses partis avoient appris des ennemis.

Marche de Slenrieu à Emptine.

La marche de l'armée se fit sur six colonnes. On sonna le boute-selle, on battit la générale une demi-heure avant le jour, à cheval & l'assemblée à la pointe du jour.

Nous avons dit que chaque colonne avoit formé sa ligne en arrivant au défilé de Slenrieu, & que l'armée faisoit face du côté de l'Abbaye du Jardinet. Pour se mettre en marche, chaque ligne fit à droite & se rangea en colonne dans le même ordre que le jour précédent.

L'aîle gauche de cavalerie forma la colonne de la gauche. Le Mestre-de-Camp en eut la tête, & fut suivi du du reste de la première ligne ainsi qu'elle étoit campée, ensuite de la Brigade de Maignac & du reste de la seconde ligne dans le même ordre que la première. Cette colonne prit le chemin de la Forge de Battefer, & suivit celui qui mene à Yves pour passer le ruisseau de Jamagne & aller à la cense de Fremont, qui étoit devant la gauche du camp. 1691. JUILLET.

La seconde colonne fut pour les Brigades, qui, selon l'ordre de bataille, avoient la gauche de l'infanterie. Champagne en eut la tête, & fut suivi des Brigades du Roi, du Maine & de Porlier. Cette colonne côtoïa le chemin qui va de Boussu à Battefer, le laissa à gauche, arriva à une maison qui appartenoit à la sœur du Curé de Slenrieu, & de cette maison prenant à droite, elle entra dans les jardins pour aller passer au pont de la gauche des deux que l'on avoit faits entre Slenrieu & Battefer. Après avoir traversé le ruisseau, elle tourna à gauche & monta sur la hauteur par des ouvertures qu'elle se fit dans des haies, aiant toujours sur la droite une colonne d'infanterie qui marchoit dans le petit sentier. Quand elle fut sur la hauteur, elle se rendit à Dauchois, ou Dacheu qu'elle laissa à droite, traversa le ruisseau de Jamiolle, tint ce village & celui de Jamagne à droite, alla à travers champs passer le ruisseau de Jamagne sur un pont fait exprès pour elle, & se trouva dans la plaine du camp.

La troisième colonne fut pour les Brigades de la droite de l'infanterie, dont Navarre eut la tête, & fut suivi de celles de Vaubecourt, des Gardes, de Poitou & de Stoppa. Cette colonne vint passer au pont de la droite des

1691. JUILLET. des deux que l'on avoit jettés entre Slenrieu & Battefer, laissa à gauche la maison qui appartenoit à la sœur du Curé, & à droite la cavalerie, qui passoit dans Slenrieu. Au-delà du ruisseau, elle enfila un sentier pour arriver sur la montagne, en laissant le grand chemin qu'occupoit la cavalerie sur sa droite & une colonne d'infanterie sur sa gauche, continua sa marche par Dauchois & Jamiolle, d'où elle alla à Jamagne & entra dans la plaine du camp.

La quatrième colonne fut pour l'aîle droite de cavalerie, qui fut suivie de l'artillerie & des menus bagages de cette aîle. La Maison du Roi en eut la tête, & fut suivie du reste de la première ligne, ensuite de la Brigade de Bezons & du reste de la seconde dans le même ordre que la première. Cette colonne passa au gué de Slenrieu, d'où elle alla à la hauteur de Dauchois, laissa le village à gauche & le chemin de Philippeville à droite, passa au-dessus de Jamiolle à la gauche de ce village & de celui de Jamagne, prit ensuite sa marche par Emptine, par la cense de la Valette & celle du Bois-Doyen, où fut la droite du camp.

La cinquième colonne fut pour les gros bagages de l'armée, lesquels de Boussu allerent à la Forge du Prince, où ils prirent le grand chemin de Philippeville, laisserent cette place à droite, & passerent sur le glacis pour gagner le chemin qui va à l'Abbaye de Saint-Aubin.

La sixième colonne fut pour les menus bagages de l'aîle gauche de cavalerie & ceux de toute l'infanterie. Du moulin de Boussu ils allerent par le Tri des bois descendre à la queuë de l'étang de la Forge du Prince, pas-

passerent sur un pont qu'on leur avoit fait dans les prairies, marcherent de là, à travers des haies & bois taillis de Slenrieu, au Champieslo, d'où ils côtoïerent la marche des gros bagages jusqu'au camp. 1691. JUILLET.

Les escortes, commandées pour les bagages & pour l'arrière-garde de la marche précédente, servirent encore pour celle-ci.

L'armée campa sur deux lignes, la droite à la cense du Bois-Doyen près de la troüée de Josenne, & la gauche sur la hauteur de Jamagne. La ligne se replioit en arrière au droit de l'arbre de Saint-Aubin, aiant Florennes & le ruisseau devant le front.

L'armée du Roi marcha à Florennes le même jour que le Prince d'Orange devoit s'y porter avec la sienne. Surpris d'apprendre que M. de Luxembourg y étoit arrivé, il ne fit ce jour-là aucun mouvement. Il campa à Sombesé, sa droite étendue vers Leneff, sa gauche tirant vers la Sambre. Les deux armées n'étoient éloignées l'une de l'autre que d'environ une lieuë & demie. M. de Ximenès retira les troupes qui étoient à Beaumont, cette place n'étant pas en état de soutenir une attaque.

Le 23. M. de Luxembourg alla avec un détachement de mille chevaux reconnoître le pays que les ennemis devoient traverser, soit pour marcher à lui, ou à Dinant. Il examina leur camp de fort près & leur donna tellement l'épouvante, qu'ils monterent à cheval & coururent aux armes. Craignant qu'ils ne décampassent

 de

1691. JUILLET. de là à son insçû, il détacha du monde sur les hauteurs de Walcourt pour savoir s'ils en prenoient le chemin.

Le Prince d'Orange avoit deux moïens d'attaquer l'armée du Roi; l'un dans sa position actuelle; l'autre dans sa marche vers Dinant. La situation du camp de Florennes étoit pour le moins aussi difficile pour l'attaque que favorable pour la défense. Un bois assûroit la droite de l'armée du Roi, elle avoit l'avantage de la hauteur, & le front de sa gauche étoit bordé de quantité de précipices qui auroient empêché les ennemis de s'avancer en bataille. Il est vrai qu'au centre ils avoient les hauteurs pour eux; mais ils eussent été contraints de défiler par trois ou quatre endroits pour passer le ravin qui regnoit devant presque tout le front. D'ailleurs, supposé qu'au-lieu de faire leurs efforts contre la droite ou le centre de l'armée du Roi, ils eussent cherché à l'attaquer par le flanc gauche, M. de Luxembourg comptoit replier son aîle gauche, la mettre auprès de Philippeville, & leur faire essuïer le feu de l'artillerie de cette place.

Il étoit plus probable que les Alliés attendroient l'occasion de combattre l'armée Françoise lorsqu'elle seroit obligée de s'approcher de Dinant. M. de Luxembourg, qui pensoit de même, s'étoit étudié à régler sa marche. On avoit ouvert deux passages dans les bois, auxquels la droite étoit appuiée. Chaque ligne devoit marcher par sa droite sur un front assez grand pour être en état de se mettre aussitôt en bataille & de faire face sur sa gauche. On pouvoit, en marchant, conserver les hauteurs, & sur la droite du chemin qu'auroient te-

tenu les troupes, celui de Philippeville à Dinant étoit réservé pour le passage de l'artillerie & des bagages. Il s'en falloit bien que le Prince d'Orange eût la même facilité qu'avoit M. de Luxembourg de s'approcher de Dinant. Il étoit obligé de traverser le ruisseau de Bienne-Colonnoise, d'en franchir les défilés avec peine, & de marcher ensuite dans un pays serré & coupé. Après avoir surmonté ces obstacles, il eût encore trouvé les troupes du Roi séparées de lui par un ruisseau qu'elles devoient côtoier, & qu'il eût été impossible aux Alliés de passer en bataille.

1691. JUILLET.

M. de Luxembourg avoit mandé à M. de Boufflers de repasser la Meuse & de se rapprocher de lui aussitôt que M. de Flemming iroit se réunir à l'armée des Alliés. Le Roi avoit prévenu les desirs de son Général, en envoiant ordre à M. de Boufflers de le joindre dès que les ennemis passeroient la Sambre. M. d'Harcourt, qui étoit sur la frontière du Luxembourg & près de la Moselle, devoit se trouver du côté de la Meuse en même tems que M. de Boufflers passeroit cette rivière. On prétendoit aussi que M. de Castanaga reviendroit sur la Sambre avec ses troupes. En ce cas, M. de Luxembourg se proposoit de rappeller la cavalerie qui étoit aux Lignes, & de la tenir auprès de Saint-Guilain aussi long-tems que M. de Castanaga resteroit aux environs de Bruxelles, afin de pouvoir la renvoier promptement à Espierre & l'incorporer avec son armée selon la nécessité des évenemens.

Le 28. Juillet M. de Luxembourg fut informé que les ennemis faisoient un grand fourrage auprès de la Sam-

1691. JUILLET. Sambre, depuis Chaſſelet en remontant juſqu'au-deſſus de Charleroi. Il emploïa ce moment à en faire un de ſon côté entre Stave & Metez pour l'aîle droite ſeulement.

Le 29. M. de Boufflers vint à l'Abbaye du Moulin ſur la rive gauche de la Meuſe, & alla le lendemain, eſcorté de ſa cavalerie, qui étoit de 33. eſcadrons, couper & ruiner les fourrages juſqu'à la Tour de Libine. M. de Luxembourg, s'étant avancé avec l'aîle droite pour le ſoutenir, ſe plaça ſur trois lignes vis-à-vis de Saint-Gerard. Les campagnes furent fourragées, ſans que les ennemis fiſſent aucun mouvement pour en empêcher le dégât.

Cependant on avoit été obligé, à cauſe de la rareté des fourrages, de renvoier les gros équipages derrière Philippeville ſur le chemin de Marienbourg. Le Prince d'Orange, qui n'avoit pas moins ſujet de ſe plaindre de la diſette, renvoia auſſi les ſiens à Charleroi. M. de Luxembourg, afin de rendre la ſubſiſtance de la cavalerie ennemie encore plus difficile, ordonna à M. de Vertillac, qui commandoit à Mons, de ſe ſervir de la ſienne, & d'inquiéter par des partis les Alliés dans les fourrages qu'ils feroient de l'autre côté de la Sambre. Mais pendant qu'on les diſputoit aux ennemis, la cavalerie du Roi en trouvoit peu pour elle, & ſans les magaſins d'avoine, formés à Philippeville, il eût été impoſſible de la faire ſubſiſter.

Les Généraux 't Serclas & Flemming, après avoir campé au Mazy, étoient venus, l'un à Milmont ſur l'Orneau, l'autre à Farcienne ſur la Sambre, d'où ils pou-

pouvoient passer cette rivière & attaquer M. de Boufflers à l'abbaye du Moulin. Le danger étoit d'autant plus à craindre & à éviter, que le Prince d'Orange, en fortifiant d'un côté le Général Flemming par des détachemens de son armée, auroit pû s'avancer de l'autre avec le reste pour tenir M. de Luxembourg en échec. M. de Boufflers eut donc ordre de se retirer à Rosoy, où il arriva le 4. Août, & si près de la grande armée, que sa gauche n'en étoit séparée que par un petit bois & un ruisseau facile à passer. M. de Luxembourg joignit l'infanterie de M. de Boufflers à la sienne, & laissa sa cavalerie en un Corps, soit pour en fourrer quelques escadrons entre ses deux lignes, soit pour en former une réserve, ou pour l'emploier à une avant- ou arrière-garde selon qu'il le jugeroit à propos. Son armée se trouvoit alors composée de 54. bataillons & de 135. escadrons, non comprise la cavalerie de M. de Boufflers, qui étoit de 33. escadrons.

1691. JUILLET.

AOUT.

La position de l'armée du Roi à *Florennes* avoit fait échoûer les projets que pouvoient avoir les Alliés sur Dinant & Philippeville. M. de Luxembourg, voiant qu'ils hésitoient à l'attaquer, crut devoir redoubler d'activité & de vigilance pour prévenir leurs desseins. La proximité des deux armées le mettoit à portée d'observer tous leurs mouvemens; mais il craignoit qu'il ne fût obligé de prendre de grands détours pour se rapprocher de Maubeuge, ne connoissant d'autres chemins que le défilé de Slenrieu, les Forges du Prince & de Battefer.

Pendant qu'il étoit occupé à en découvrir d'autres,

1691. AOUT.

M. d'Albergotti, qui connoissoit le pays, lui indiqua plusieurs routes par où, laissant Slenrieu à droite, on pouvoit pénétrer jusque dans la plaine de Grand-Rieu près de Beaumont. Aussitôt lui & M. de Puisegur, Maréchal-général-des-Logis de l'armée, furent chargés d'examiner ces issues & d'en rendre compte. Sur le rapport qu'ils en firent à M. de Luxembourg, il se détermina à suivre les Alliés, il n'importe de quelque côté qu'ils tournassent. Ceux-ci décamperent le 7. de grand matin pour Marbay, à peu de distance de Thuin où ils mirent leur gauche, & leur droite près de Castillon.

Dès que M. de Luxembourg sut qu'ils étoient en marche, il alla avec 500. chevaux sur la hauteur de Slenrieu, & ensuite sur celle de Walcourt pour les observer. Il détacha M. d'Albergotti vers le ruisseau de Leneff, afin d'inquiéter leur arrière-garde. Le lendemain il fit marcher son armée à Cerffontaine.

Marche d'Emptine à Cerffontaine.

La marche se fit sur six colonnes. L'aîle gauche de cavalerie forma la colonne de la droite, dont le Mestre-de-Camp eut la tête, & fut suivi du reste de la première ligne de cette aîle ainsi qu'elle étoit campée, ensuite de la Brigade de Maignac & du reste de la seconde ligne dans le même ordre que la première. Cette colonne passa le ruisseau de Jamagne à trois cens pas au-dessous du village, laissant à l'autre colonne le pont qui en étoit le plus voisin. De là elle suivit à la gauche de Jamiolle un chemin qui croise celui de Philippeville à Slenrieu, d'où elle entra dans la plaine de Soumois, & traversa ce village pour se rendre dans celle de Cerffontaine.

La

1691. AOUT.

La seconde colonne fut pour l'infanterie de la première ligne, laquelle défila par sa gauche, en commençant par Champagne. Cette colonne alla passer sur la gauche des haies de Jamagne, rasa celles de Jamiolle qu'elle laissa à droite, suivit un chemin qui mene au pont de pierre entre Soumois & Sainzée, d'où, aiant Villers-deux-Eglises & Sainzée à gauche, elle entra dans la plaine du camp.

La troisième colonne fut pour l'infanterie de la seconde ligne, en commençant par le Maine. Cette colonne passa dans Jamagne & laissa à gauche tous les bois qui se trouvent au-dessus, d'où côtoïant les haies de Villers-deux-Eglises, & continuant sa marche entre ce village à droite & celui de Sainzée à gauche, elle entra dans la plaine du camp.

La quatrième colonne fut pour l'aîle droite de cavalerie, dont la Brigade de Quadt eut la tête, suivie du reste de la première ligne ainsi qu'elle étoit campée, ensuite de la Brigade de Bolhen & du reste de la seconde ligne. Cette colonne, prenant par derrière le camp de l'infanterie, alla à la cense de la Valette, d'où, laissant l'artillerie avec les vivres sur sa gauche & le quartier général sur sa droite, elle alla à travers champs passer le ruisseau de Jamagne sur un pont entre ce village & Philippeville. De là elle poursuivit sa marche par les terres, tint la colonne d'infanterie sur sa droite, l'artillerie sur sa gauche, & traversa Sainzée pour entrer dans la plaine du camp.

La cinquième colonne fut pour l'artillerie & les Vivandiers de l'armée, lesquels eurent leur rendez-vous à l'ar-

1691. AOUT. l'artillerie. Cette colonne, partant de son parc, prit le chemin de Sainzée, qu'elle laissa à droite pour parquer derrière ce village.

La sixième & dernière colonne fut pour les troupes de M. de Boufflers, qui prirent le grand chemin de Rosoy à Philippeville qu'elles laisserent à droite pour aller à Sainzée, d'où elles s'avancerent à Villers-deux-Eglises.

Chaque colonne de troupes fut suivie de ses menus bagages, lesquels furent escortés par 200. hommes d'infanterie. On en mit 300. parmi les charrettes des Vivandiers.

L'armée campa sur quatre lignes par la nécessité du terrein. La première, qui étoit d'infanterie, s'étendoit le long du ruisseau de Soumois qu'elle avoit devant elle; les deux du milieu, composées de cavalerie, occupoient la hauteur de Cerffontaine, & la quatrième d'infanterie s'appuioit au bois. Les troupes de M. de Boufflers camperent sur deux lignes à la droite de l'armée.

M. de Luxembourg se trouvoit ici en état de prendre la tête de deux ruisseaux, de l'un qui va à Beaumont, & de l'autre qui passe à Consolre. Il avoit devant lui des défilés, & pouvoit couper les détachemens des ennemis dans leurs courses vers la frontière. Il s'arrêta dans ce camp, de crainte que leurs démarches ne fussent de fausses apparences, & qu'ils n'eussent d'autres vûes que celles d'éloigner de Dinant l'armée du Roi. Il fut d'autant plus curieux d'examiner lui-même les chemins que M. d'Albergotti lui avoit indiqués, que jamais armée

mée avant la sienne ne s'étoit avisée de passer par-là. 1691. AOUT.

Le Prince d'Orange, persuadé que M. de Luxembourg ne pouvoit se rapprocher de Maubeuge qu'en prenant sa route par Marienbourg & Avesne, alla le 9. reconnoître celle par où il conduiroit son armée dans la plaine de Grand-Rieu. Il se flattoit qu'en y marchant, il obligeroit l'armée du Roi de reculer pour défendre la frontière contre les entreprises de ses détachemens, qu'il gagneroit plusieurs marches d'avance pour aller sur l'Escaut, & que comme il y arriveroit le premier, il pourroit forcer les Lignes, désoler le pays auquel elles servoient d'abri, & empêcher l'armée du Roi de prendre des quartiers de fourrage depuis Courtrai jusqu'à Furnes. M. de Luxembourg, dont toute l'attention buttoit à prévenir les ennemis à Mons & sur la Dendre, transporta la nuit du 9. au 10. son camp à Lugny près de Beaumont.

Marche de Cerf-fontaine à Lugny.

La marche se fit sur cinq colonnes. Vers le déclin du jour on détendit toutes les tentes, & les troupes marcherent à dix heures, sans battre. La réserve, sous les ordres de M. d'Anger, marcha à la tête de la colonne d'artillerie.

L'armée, qui étoit campée sur quatre lignes, fit à gauche pour se mettre en marche, & chaque ligne forma sa colonne. Celle de la droite fut pour la première ligne d'infanterie. Elle alla passer à Folemprise, où elle prit le chemin qui va à la Queuë de l'Herse, & laissant la maison de M. Colnet à gauche, elle se rendit

1691. AOUT. à Ranly, y traversa le ruisseau de Beaumont, & le côtoia pour entrer dans la plaine du camp.

La seconde colonne fut pour la cavalerie de la première ligne, dont le Mestre-de-Camp eut la tête. Cette colonne descendit au moulin de Cerffontaine, suivit, pour aller droit à la Queuë de l'Herse, un chemin qui entroit dans le bois, & traversant le chemin de Folemprise à la Queuë de l'Herse, elle s'ouvrit un passage à travers du jardin de M. Colnet, dont elle laissa la maison à droite, & marcha par la plaine de Faubrechies. Quand elle fut près de ce village, elle suivit la route de Railly, & venant entre les deux bois, elle tourna à gauche pour laisser Railly à droite, d'où elle entra dans la plaine du camp.

La troisième colonne fut pour la seconde ligne de cavalerie, en commençant par Maignac. Elle marcha entre Cerffontaine & le moulin, passa sur un pont que l'on avoit fait pour traverser le bois, tint le grand chemin de Cerffontaine à Froide-Chapelle sur sa gauche, & alla à la queuë de l'étang. De là, laissant ce même étang à droite & Froide-Chapelle à gauche, elle s'en fut traverser le grand chemin qui va de Faubrechies à Ranse, se fit un passage derrière la maison de M. Jacquet pour entrer dans le chemin Royal à gauche de la grande route, qu'elle abandonna à l'artillerie.

La quatrième colonne fut pour l'artillerie, les caissons & les Vivandiers de l'armée. L'artillerie, partant de son parc, alla à travers champs passer entre la troisième & la quatrième ligne, laissant Cerffontaine à sa droi-

droite. De là elle entra dans le bois par un chemin, qu'on lui avoit fait, pour gagner le grand chemin de Froide-Chapelle qu'elle suivit. Elle traversa ensuite Froide-Chapelle, entra par Ranse dans le grand chemin de Chimai à Beaumont, qu'elle tint jusqu'au camp, aiant à sa droite une colonne de cavalerie, & une d'infanterie à sa gauche.

La cinquième & dernière colonne fut pour l'infanterie de la seconde ligne, dont le Maine eut la tête. Elle côtoïa le bois jusqu'à ce qu'elle eût trouvé le premier chemin qui mene à Froide-Chapelle, & lorsqu'elle fut prête d'y entrer, elle rencontra la colonne qui étoit à sa droite. Pour lors laissant Froide-Chapelle à droite & s'ouvrant un passage dans les terres, elle marcha au village de Ranse, à la droite duquel cette colonne, l'artillerie toujours à son côté droit, suivit le grand chemin Royal pour se rendre dans la plaine du camp.

Deux escadrons des Dragons de la Reine avec deux du Roi firent l'arrière-garde des bagages, & on commanda 600. fantassins, que l'on plaça dans cette colonne de distance à autre. La première ligne des deux aîles forma la droite de cavalerie, la seconde ligne fit l'aîle gauche. Quant à l'infanterie, elle campa dans le même ordre que la cavalerie. La droite de l'armée étoit appuiée à une ravine qui tombe au-dessous du village de Railly, la gauche au bois & près de la cense de Hurtebise. Elle avoit Consolre derrière sa gauche, des bois derrière sa droite, Beaumont devant le centre & le ruisseau devant le front.

M.

1691. AOUT. M. de Boufflers se tenoit toujours auprès de Philippeville jusqu'à nouvel ordre. Il devoit être envoié avec sa cavalerie entre cette place & Marienbourg, tant afin d'épier les Généraux Flemming & 't Serclas, que pour arrêter les détachemens qui tâcheroient de pénetrer de ce côté-là sur la frontière. Un mouvement des ennemis le fit appeller ailleurs. Sur la nouvelle que l'armée du Roi paroissoit devant Beaumont, celle des Alliés y accourut avec autant d'empressement que si elle eût eu dessein de combattre. M. de Boufflers, aiant reçu ordre de se rapprocher, vint camper à Ranse, où il étoit non seulement en état de joindre M. de Luxembourg en une demi-heure, mais de repasser le défilé de Froide-Chapelle en très peu de tems.

Ce fut M. de Vaudemont qui occasionna cette marche précipitée des ennemis, dans l'opinion que l'armée du Roi n'en étoit qu'un détachement. A peine le Prince d'Orange s'apperçut de la méprise, qu'il s'arrêta & se rangea en bataille, aiant Beaumont devant lui presque devant son centre, sa gauche vers Barbançon, sa droite sur les hauteurs de Beaumont vis-à-vis la gauche de l'armée Françoise, & dans de petites plaines entre-coupées de langues de bois. Il avoit un Corps au-delà du dernier bois sur les hauteurs de Bousegnies, & telle étoit la position de son armée, qui resta continuellement sous les armes depuis le jour de son arrivée jusqu'au lendemain à midi.

M. de Luxembourg fut à cheval presque aussi longtems que les ennemis furent en bataille. Malgré la proximité des deux armées, il tint la sienne tranquille, &

& s'en reposa sur la difficulté qu'il y avoit à l'attaquer dans son camp. Le 11. au matin, voiant que les ennemis cherchoient à se faire des passages sur le ruisseau, il ordonna aux Brigades du Roi & de Champagne de s'avancer sur une hauteur entre Chaudeville & Lugny. Celle entre Consolre & un bois vis-à-vis de Bousegnies fut occupée par deux Régimens de Dragons & par la seconde ligne de l'aîle gauche. Sur les neuf heures du matin il fit placer deux Brigades d'artillerie pour interrompre le travail des ennemis sur le ruisseau. Au premier feu ils en abandonnerent les bords avec beaucoup de précipitation, & se retirerent peu de tems après. 1691. AOUT.

M. de Luxembourg détacha après eux M. du Rosel avec 500. chevaux pour savoir de quel côté ils dirigeoient leur marche, & assûra le retour de ce détachement par quelques Compagnies de Grenadiers, qu'il envoia se poster à la tête des défilés de Saint-Gery. Quelques jours après, M. de Luxembourg se douta que les ennemis pourroient avoir envie de fourrager dans la plaine de la Bussière, ou aux environs de Vergnies & du Four-à-Verre. Il résolut d'attaquer leur escorte, soit dans l'un, ou dans l'autre endroit; dans la plaine de la Bussière avec la moitié des Grenadiers, toute l'aîle gauche, la réserve & trois Régimens de Dragons; du côté de Vergnies & du Four-à-Verre, avec le Corps de M. de Boufflers, toute l'aîle droite & la moitié des Grenadiers.

L'assiette de leur camp n'étoit pas si favorable à l'armée du Roi, qu'ils ne pussent encore marcher à Dinant, ou repasser la Sambre & chercher à prévenir M.

1691. AOUT. de Luxembourg sur la Dendre. Ils ne parloient que de bombarder, ou d'assiéger Dinant; mais malgré le bruit général, le Duc doutoit fort qu'ils prissent le parti de s'attacher à cette place. Ce n'est pas que dans la sécurité il s'en mît peu en peine; au contraire, il usa de précaution pour traverser leur dessein en cas qu'il fût réel. Il envoia M. de Puisegur & M. d'Albergotti reconnoître & faire accommoder les chemins par où l'armée pouvoit se rendre à Charlemont. Il avoit résolu d'y camper & d'attendre que les ennemis eussent pris leurs quartiers aux environs de Dinant, afin de les attaquer par celui des deux côtés de la Meuse qu'il jugeroit le plus propre. Il ne désespéroit pas de venir à bout de rompre les ponts, qu'ils auroient sur la haute Meuse, en même tems qu'il marcheroit pour les combattre. Les ennemis vouloient-ils repasser la Sambre pour aller sur la Dendre & ensuite sur l'Escaut, il se proposoit d'aller camper le premier jour à Givry, & d'envoier mille chevaux sous Mons, où il auroit aussitôt une tête au-delà de la Haisne, qui retarderoit leur marche & favoriseroit celle de l'armée du Roi.

D'un autre côté il étoit facile aux ennemis de repasser vitement la Sambre sans aucun risque. Depuis Thuin jusqu'à Charleroi ils avoient plusieurs passages commodes. A la vérité ceux de Thuin & de l'Abbaye d'Alnes ou d'Aulnes étoient assez difficiles, mais il y avoit à l'Angely un fort bon gué, où deux escadrons pouvoient passer de front. En descendant plus près de Charleroi, ils rencontroient le pont de Marchiennes & deux gués, l'un au-dessus, l'autre au-dessous, lesquels ils

ils pouvoient traverser commodément sur des ponts de bateaux. Il n'étoit pas nécessaire que les troupes se séparassent pour y arriver, à moins que le Prince d'Orange, hâtant la marche, ne trouvât bon qu'une colonne passât auprès de Charleroi, ou à travers de cette ville, & allât ensuite gagner la rivière d'Heure au pont de Gamignon & à un gué plus bas, au-delà desquels elle eût été en sûreté. Repetons-le: autant il étoit facile à une partie, autant il étoit aisé au reste de l'armée des Alliés de repasser la Sambre, sans que celle du Roi pût prendre sur elle aucun avantage, parce qu'en renvoiant les équipages dès la veille & en postant toute l'infanterie sur les hauteurs de Ham depuis Thuin jusqu'à la rivière d'Heure, la cavalerie pouvoit être au-delà des bois avant que M. de Luxembourg en eût été averti. De Ham-sur-Heure jusqu'à Marchiennes les chemins étoient assez larges pour quatre escadrons de front, & celui de l'Angely assez spacieux pour un escadron en bataille. Quant aux troupes du Roi, elles ne pouvoient suivre les ennemis dans leur retraite qu'avec beaucoup de peine. Elles n'avoient qu'une route, si non impratiquable, du moins très difficile. C'étoit de passer le ruisseau de Beaumont à Solre-Saint-Gery, & de marcher ensuite entre celui de Barbançon & Vergnies; endroits marécageux & fort coupés.

1691. AOUT.

Enfin les grands projets, formés par le Prince d'Orange contre les places du Roi, paroissant s'être évanouïs, il ne restoit à M. de Luxembourg d'autre soin que celui de se porter au-delà de la Sambre en même tems que les ennemis repasseroient cette rivière. Il en

1691. AOUT. résolut le passage le même jour qu'il décamperoit de Lugny, & fit jetter dix ponts sur le ruisseau de Consolre pour arriver d'autant plûtôt dans la plaine de Jeumont. M. de Ximenès, qui étoit à Maubeuge, eut la commission de tenir des ponts de bateaux prêts à descendre la rivière & à être ajustés au moment que l'armée se présenteroit sur les bords. Il lui étoit encore ordonné de placer depuis Maubeuge jusqu'à Thuin de petits détachemens de troupes réglées & de paysans armés, afin que l'on fût averti à propos des mouvemens des ennemis de ce côté-là.

Le Général Flemming avoit passé la Sambre & s'étoit rapproché jusqu'au pont de Marchiennes, non sans exposer les Alliés à recevoir avec plus de difficulté les convois qu'ils tiroient de Namur par eau. L'occasion étoit trop favorable pour que M. de Luxembourg négligeât d'interrompre la navigation de cette ville à Charleroi. Il donna ordre à M. de Guiscard de ruiner l'écluse de Floreff. Celui-ci partit de Dinant, marcha vers Philippeville, & sema le bruit qu'il alloit occuper un poste entre ces deux places. Il détacha en même tems 600. hommes de l'autre côté de la Meuse & fit descendre des bateaux jusqu'à Perfondeville, afin d'y repasser la rivière, en cas qu'il fût coupé par le Prince d'Orange. Après avoir suivi quelque tems le chemin de Philippeville, il prit à droite sur Salsen, en rompit l'écluse de bois, & ne put détruire celle de pierre, qu'il falloit trop de tems pour démolir. Telle fut son expédition, pendant laquelle il s'étoit tenu vis-à-vis du château de Namur, d'où il revint sans avoir été suivi.

Le

Le Prince d'Orange avoit marché à Beaumont lors même que M. de Castanaga marchoit à Gavre avec un Corps de sept bataillons & de treize escadrons, lequel devoit être renforcé par douze cens hommes des garnisons voisines. M. de Villars, qui commandoit aux Lignes, s'étoit mis en état de les défendre. Il avoit fait applanir les fossés & couper les haies à trois cens pas en dedans du retranchement pour donner à ses gens l'aisance de repousser les ennemis avec plus de promptitude. Il avoit logé dans chaque redoute des paysans armés, & encouragés par la présence de quatre à cinq soldats choisis. Il avoit muni de monde les châteaux de Goyeghem & de Moucron, qui étoient en avant des Lignes. Il avoit fait plus: il s'étoit assûré de la hauteur qui les dominoit, en y bâtissant une redoute sur la cime, tant afin d'empêcher les ennemis d'y placer de l'artillerie, que dans la vûe de retarder leurs attaques. Enfin ses troupes étoient rassemblées derrière ces postes, d'où il pouvoit marcher en forces de quelque côté que celles des Alliés attaquassent les Lignes. 1691. AOUT.

Difficilement leurs démarches auroient échappé à la connoissance de M. de Luxembourg, qui avoit toujours sur eux sept ou huit partis, aussi attentifs à les remarquer, qu'exacts à en informer leur Général. Ceux des Alliés, qui étoient dans Beaumont, en aiant fait sauter le 22. quelques tours qu'ils avoient minées, leur armée s'avança de plus près pour favoriser leur retraite.

Le parti, que prenoit le Prince d'Orange d'abandonner Beaumont étoit un présage de quelques nouveaux mouvemens. Dans la crainte qu'il ne voulût passer la

1691. AOUT. Sambre, M. de Luxembourg fit marcher l'artillerie à la gauche de la seconde ligne, & la réserve, aux ordres de M. d'Auger, fut envoiée à Jeumont avec les pontons.

Les ennemis allerent le 23. du mois à Saint-Gerard, où ils trouverent encore quelques fourrages. La droite de leur camp étoit à Maison, leur gauche à Bioul, & le centre à Saint-Gerard.

Le même jour l'armée du Roi partit pour Strées.

Marche de Lugny à Strées.

On sonna le boute-selle, on battit la générale à sept heures, à cheval & l'assemblée une demi-heure après. On marcha sur cinq colonnes.

Celle de la droite fut pour l'aîle droite de cavalerie; la Maison du Roi en eut la tête. Cette colonne, partant de son camp, se sépara en deux parties, dont l'une de la droite alla passer à Solre-Saint-Gery, & l'autre de la gauche au pont de Castellan. Elles se rejoignirent au grand chemin qui va de Beaumont à Charleroi, & marcherent auprès du Terme de Stofettes, où fut le camp.

La seconde colonne fut pour la droite de l'infanterie. Cette colonne, sortant de son camp, alla passer à la Maladrerie de Beaumont & à la cense du Pater, d'où, prenant sa marche entre Tirimont & la cense du Certiau, & coulant le long du bois, elle laissa la cense d'Ensonpenne à gauche & le bois à sa droite, pour passer à la troüée de Tapesesse qu'elle tint à gauche, & d'où elle entra dans la plaine du camp.

La

La troisième colonne fut pour la gauche de l'infanterie. Cette colonne, partant de son camp, alla passer au pont du moulin de Rugny, de là à la cense du Certiau qu'elle laissa à droite, suivit le grand chemin qui mene aux censes d'Ensonpenne, d'où elle marcha à Tapesesse & entra dans la plaine du camp. 1691. AOUT.

La quatrième colonne fut pour l'aîle gauche de cavalerie. Cette colonne alla de son camp à Bousegnies, de là à la Butte de Montigny, qu'elle laissa à gauche, & s'en fut à travers champs passer au Fostiau, d'où elle entra dans la plaine du camp.

La cinquième & dernière colonne fut pour l'artillerie, laquelle, en partant de son parc, alla de Gerocourt à Hutebise, du pont de Hantes aux hautes Fontaines, & de la cense du Sart-Alard à Biersay, d'où elle entra dans la plaine du camp.

L'armée reprit son premier ordre de bataille & campa sur deux lignes, la droite près de Clermont, la gauche entre les villages de Biersay & de Ragny, celui de Strées, où étoit le quartier général, entre les deux lignes.

Pendant la marche de l'armée, M. d'Auger s'avança à la Bussière, où il jetta deux ponts de bateaux sur la Sambre.

M. de Boufflers vint aussi mettre sa droite à Boussu, & sa gauche près de Clermont au-dessus de Châtillon; mais il ne séjourna dans ce camp que jusqu'au lendemain qu'il fut détaché vers Philippeville. Il reprit son artillerie avec cinq bataillons qu'il avoit avant de joindre

1691. AOUT. dre l'armée, & alla le 26. camper à Givet, afin de s'opposer de ce côté-là aux courses des ennemis.

Le Général Flemming, qui campoit depuis plusieurs jours à Marchiennes, y avoit passé toute la journée du 23., & n'en étoit parti que le 24. avant le jour pour Montigny sur Sambre. M. de Luxembourg, uniquement attaché à étudier les actions du Prince d'Orange, avoit si peu songé à M. de Flemming, qu'il perdit l'occasion de l'attaquer avant qu'il repassât la Sambre, tant il étoit peu croiable que ce Général eût la témérité de s'arrêter avec son Corps de troupes en-deçà de cette rivière.

On occupa Beaumont après les ennemis. Cette place étoit si peu endommagée, qu'il ne falloit que deux ou trois jours de travail pour la remettre dans son premier état. M. de Luxembourg comptoit y établir des troupes pendant l'hyver, ainsi que dans le château de Barbançon.

Tous les desseins du Prince d'Orange se bornoient à subsister loin de Bruxelles, & à tenir l'armée du Roi éloignée de cette place. Lors de leur marche à Saint-Gerard, les Alliés s'étoient attendu que M. de Luxembourg repasseroit le défilé de Froide-Chapelle & de Ranse. Pendant ce tems-là ils devoient marcher au-delà de la Sambre, ensuite sur la Dendre & sur l'Escaut; mais M. de Luxembourg, qui ne craignoit plus le siége de Dinant, ne visoit qu'à repasser la Sambre dans le même tems avec eux, & à arriver le premier aux environs de Nivelle, où il y avoit de grands amas de grains. En passant la rivière, il se proposoit de laisser M. d'Aud'Auger & M. de Pracontal, l'un avec dix-huit escadrons à la Bussière, & l'autre avec quelques troupes à Philippeville, afin de garantir la frontière de ce côté-là, pendant que M. de Boufflers observeroit les Généraux Flemming & 't Serclas au-delà de la Meuse. 1691. AOUT.

On prétendoit parmi les Alliés que le Prince d'Orange partiroit le 1. de Septembre pour retourner en Angleterre, on assûroit même que le Landgrave de Hesse quitteroit l'armée le même jour avec ses troupes. Le Roi desiroit qu'après leur départ on pût entreprendre quelque chose pour l'honneur de ses armes, & M. de Luxembourg souhaitoit de satisfaire Sa Majesté. Il aspiroit à deux choses ; en premier lieu que le Général Flemming, qui campoit le 28. à Namur près de la porte de Bruxelles, passât la Meuse ; en second lieu que le Landgrave de Hesse se séparât de l'armée. Alors se faisant joindre par M. de Boufflers, il ne doutoit pas qu'il ne pût hardiment mesurer ses forces avec celles des ennemis : mais le Roi n'y consentoit qu'autant qu'il pût faire agir sa cavalerie, & qu'il vît une grande facilité à battre les Alliés ; ce dont il doutoit à cause de la nature du pays.

Le séjour des deux armées entre la Sambre & la Meuse y avoient rendu les subsistances pour la cavalerie très rares & très difficiles. Le Prince d'Orange se détermina le premier à passer la Sambre le 4. Septembre & à marcher à Velaines. M. de Luxembourg en fit autant le même jour. Il traversa la rivière & alla camper à Felluy. SEPTEMBRE.

1691. SEPTEMBRE.

Marche de Strées à Felluy.

L'artillerie partit dès la veille pour se rendre à la hauteur de la Bussière de l'autre côté de la Sambre.

On sonna le boute-selle, on battit la générale une heure avant le jour, à cheval & l'assemblée dès qu'il commença à paroître.

La marche de l'armée se fit sur six colonnes. Celle de la droite fut pour l'aîle droite de cavalerie, en commençant par la Maison du Roi. Elle fut suivie du reste de la première ligne de cette aîle, ensuite de la Brigade de Bezons & du reste de la seconde ligne. Cette colonne laissa Tully & le ruisseau à gauche, pour aller à travers champs droit aux trois arbres de Ham-sur-Heure, d'où elle suivit le grand chemin de Charleroi jusqu'à la sortie du bois de Montigny. De là, repliant à gauche, elle prit la route de l'Angely, y passa la Sambre à gué, marcha ensuite au moulin de Fontaine-l'Evêque & à Forchies, continua sa marche à travers champs, mit Trasegnies à sa gauche pour passer la rivière du Piéton au-dessous de Gouy, & tint depuis Sainte-Cornelie un chemin qui menoit dans la plaine entre Felluy & Arquenne, où étoit son camp.

La seconde colonne fut pour la première ligne d'infanterie, en commençant par Champagne qui en avoit la gauche. Elle s'en fut passer au pont de Tully, puis à Cousé, où elle prit un chemin qui descend au pont d'Alne, sur lequel elle traversa la Sambre, & suivit le chemin qui mene à Lierne. De là, laissant Fontaine-l'Evêque à droite, elle passa au château de la Marche, alla entre le village du Piéton à gauche & Tresignies à droite au château de Wanderbecq, où elle enfila un chemin

min qui conduit à l'Eglise de Seneff, traversa le ruisseau sur le pont du village, & entra dans la plaine du camp. 1691. SEPTEMBRE.

La troisième colonne fut pour la seconde ligne d'infanterie, en commençant par le Maine qui en avoit la gauche. Elle marcha à la cense del Court & à Ragny, d'où elle descendit à la Forge du Grand-Marteau, traversa la Sambre sur le pont de Thuin, & prit le chemin Royal qui va à Andrelues. Puis laissant ce village à gauche, elle vint à la fontaine Saint-Medard, entra dans les terres, mit la rivière d'Haisne à sa gauche & le ruisseau du Piéton à sa droite, pour aller à la chapelle d'Arlemont qu'elle tint aussi de ce côté-ci, prit ensuite sa marche par la chapelle des Sept-Douleurs, & descendit à travers la prairie, afin de passer le ruisseau de Seneff au pont du Bodaine, d'où elle entra dans la plaine du camp.

La quatrième colonne fut pour l'aîle gauche de cavalerie. Le Mestre-de-camp en eut la tête, & fut suivi du reste de la première ligne de cette aîle ainsi qu'elle étoit campée, & de la seconde ligne dans le même ordre que la première. Cette colonne passa au gué de l'Abbaye de Lobbe, & prit de là le chemin du Mont Sainte-Genevieve, qu'elle laissa à gauche pour suivre celui qui va à Anisuelle, ou Hannecoelles qu'elle mit à droite. De là elle alla à travers champs à Carnieres, le tint à sa gauche pour gagner la cense de Beauregard qu'elle laissa à droite, marcha ensuite à travers champs au bois de Belle-Croix, & se rendit par la gauche du Hêtre & du Fayt dans la plaine du camp.

La cinquième colonne fut pour tous les bagages du

1691. SEPTEMBRE. quartier général, de l'aîle gauche de cavalerie & de la première ligne d'infanterie, lesquels passerent la Sambre au pont de la droite des deux qu'on avoit faits au-dessous de la Bussière. De là ils allerent au Chêne-al-Bataille & à Merbe-Sainte-Marie, où ils prirent le chemin qui mene à Binch. Laissant ensuite Binch & Bonne-Esperance à gauche, ils passerent auprès de la Hutte, & traverserent le chemin de Binch à Ressay pour gagner celui de Binch à Merlanwelz, qu'ils suivirent jusqu'auprès de Chaufours. Etant près de ce village, ils allerent à travers champs aux Annieres, puis au Hêtre, d'où, tenant le Fayt à gauche, ils se rendirent dans la plaine du camp.

La sixième & dernière colonne fut pour l'artillerie, les bagages de la seconde ligne d'infanterie & ceux de l'aîle droite de cavalerie, lesquels défilerent dans l'ordre de la marche des troupes, & s'assemblerent derrière la Brigade de Maignac qui avoit la gauche de la seconde ligne, où ils prirent la queuë de l'artillerie. Cette colonne passa au pont de la gauche des deux qu'on avoit faits au-dessous de la Bussière, d'où, laissant Merbe-Potterie à gauche, elle prit le chemin qui mene à Bonne-Esperance, pour arriver à Brusle qu'elle laissa à droite. Elle alla ensuite au Passe-Jonc, passa auprès du Bon-Dieu de Cany, & de là au pont à Belion; après quoi elle côtoïa Binch, arriva au Quart-Chemin, d'où elle suivit une route qui mene à Haisne-Saint-Pierre, continua sa marche par la hauteur d'Ardemont, & vint par le chemin, qui conduit au Fayt, se rendre dans la plaine du camp.

L'artillerie & tous les gros bagages allerent la veille

à

1691. SEPTEMBRE.

à cinq heures du soir passer la Sambre & camper au-delà des ponts. M. d'Auger y envoia jusqu'au lendemain l'escorte dont ils avoient besoin.

On fit partir 400. hommes de pied avec l'artillerie & les gros bagages, lesquels furent partagés par pelotons de distance en distance.

M. le Chevalier de Grandmont, qui avec son Régiment étoit chargé des deux colonnes de bagages, eut soin de mettre en marche l'artillerie & les gros bagages à la petite pointe du jour.

Tous les menus bagages de l'armée s'assemblerent derrière la Brigade de Maignac, à la gauche de la seconde ligne. Ceux du quartier général en eurent la tête, & furent suivis de ceux de l'aîle gauche de cavalerie, puis de ceux de l'infanterie & de l'aîle droite.

On défendit sous peine de la vie à tout soldat de s'écarter de sa marche, & on donna ordre aux Brigadiers d'y tenir la main.

On plaça 400. fantassins dans la colonne des menus bagages, à la tête desquels marcherent 50. chevaux & 100. à la queuë, lesquels furent pris sur les vieilles gardes. Les caissons partirent aussi la veille à trois heures avec tous les malades & l'escorte ordinaire, laquelle alla jusqu'à Jeumont, où elle trouva celle qui étoit venue de Maubeuge.

On détacha 1000. hommes de pied, qui se mirent en chemin à minuit pour se rendre au camp, & qui le lendemain devoient servir d'escorte pour le fourrage.

On commanda 100. Dragons, autant de Carabiniers & 200. chevaux, lesquels partirent la veille à l'entrée de la

1691. SEPTEMBRE. nuit, & passerent au gué de l'Angely pour aller s'embusquer au Rœux, d'où ils s'étendirent jusqu'à la Sambre, afin de couvrir la marche. Leur Officier se munit de fourrage pour sa cavalerie, qu'on lui défendit de ramener au camp que sur le déclin du jour. Il fut chargé de faire élargir le gué de l'Angely & raccommoder le pont de l'Abbaye d'Alne. Il emploia les paysans à ces deux ouvrages selon ses commissions dont il s'acquitta, de l'une en passant à l'Angely, de l'autre en envoiant, à son départ du camp, une partie de ses gens à l'Abbaye, lesquels le rejoignirent au lieu qu'il leur avoit indiqué.

On enjoignit à un Colonel de conduire avec 200. chevaux tous les éclopés de la cavalerie. Celui-ci prit la route des gros bagages, mena son monde à l'Abbaye de Bonne-Esperance, où il avoit ordre de le faire reposer, & d'y passer la nuit s'il croioit ne pouvoir gagner le camp.

On détacha dès la veille plusieurs partis d'infanterie, un dans le bois par où l'on va de Merbe-Potterie à Bonne-Esperance, un autre dans celui qui est sur le chemin de la Bussière à Beinch, & un au-dessous du Fayt dans la haie du Rœux. Ces partis ne revinrent au camp que le soir.

La droite fit la gauche dans ce camp. Les troupes camperent sur deux lignes, la gauche à Arquenne, la droite entre Famillereux & Seneff, le quartier général à Felluy, derrière la gauche.

M. de Luxembourg ne voulut pas s'arrêter sur le Pié-

Piéton, à cause de la rareté des fourrages. Le lendemain il ordonna qu'on délivrât à la cavalerie tout le grain qu'elle put emporter de Nivelle. Il ne connoissoit le camp de Felluy que par la description qu'on lui en avoit faite. Sans l'avoir vû, il ne doutoit pas qu'il ne fût très sûr; mais il remarqua qu'il étoit dominé de divers côtés, & de crainte que les ennemis n'y vinssent lui faire une visite, il se hâta de gîter ailleurs.

1691. SEPTEMBRE.

Avant qu'il n'abandonnât ce camp, il détacha M. du Rosel avec 400. chevaux & 100. Dragons au-delà du ruisseau de Seneff, à dessein d'être averti à propos & d'avoir le tems de se placer s'il étoit suivi. Outre ce détachement, il envoia la veille deux petits partis à Reves sur le chemin que devoient prendre les Alliés pour l'inquiéter, & eut la précaution de garder les Grenadiers & quelques piéces de canon à l'arrière-garde, afin d'assûrer d'autant plus sa marche à Soignies.

Marche de Felluy à Soignies.

Elle se fit le 6. du mois sur six colonnes. Celle de la droite fut pour l'aîle droite de cavalerie, qui avoit la gauche dans ce camp. La Maison du Roi, qui en eut la tête, prit, en partant de son camp, un chemin qu'on avoit fait au-dessous de la carrière de Felluy, d'où elle marcha à la cense du Clairbois & au moulin de Cromeleu. Elle se rendit ensuite à la Chapelle de Notre-Dame-de-Grace, perça à travers du bois de la Houssière pour suivre un chemin qui mene à Braine-le-Comte qu'elle laissa à gauche, passa de là sur des ponts qu'on avoit jettés au-dessous de Braine, & enfila le chemin qui

1691. SEPTEMBRE. qui va à Horrues, d'où elle entra dans la plaine du camp.

La seconde colonne fut pour les équipages du quartier général & ceux de l'aîle droite de cavalerie. Elle marcha à travers du village de Felluy, & alla par un chemin, qu'on lui avoit pratiqué, à la cense de l'Ecaille, où elle suivit la route de la carrière à grès pour gagner Braine-le-Comte, prit ensuite le chemin de Braine à Soignies, & passa sur le pont du fauxbourg, d'où elle entra dans la plaine du camp.

La troisième colonne fut pour l'infanterie de la droite qui avoit la gauche dans ce camp. Celle-ci passa à la maison de M. Gaudry, entra dans le chemin qui va de Felluy à Marche, qu'elle suivit jusqu'au-delà du bois de l'Ecaille, où elle se fit un passage pour aller gagner le pont de la Folie. Elle vint ensuite par les terres aux censes Joquarde & Joquet; après quoi, laissant le moulin-à-vent de Braine-le-Comte à droite, elle traversa le chemin de Braine à Saint-Hubert, qu'elle tint à gauche pour arriver à la cense des Quatre-vents, d'où elle continua sa marche à travers champs, & passa le ruisseau de Soignies au pont qu'on lui avoit fait le plus près du fauxbourg, d'où elle entra dans la plaine du camp.

La quatrième colonne fut pour l'aîle gauche d'infanterie, laquelle, en partant de son camp, laissa la maison de M. Gaudry à droite, & alla à travers champs gagner le chemin de Felluy à Marche. De là, tenant la Rochette & la Quelleraye à gauche, & la colonne d'infanterie à droite, elle marcha au château des Escaussiennes, où elle prit & suivit un chemin qui mene de Belle-

tê-

tête à Braine-le-Comte, jusqu'à ce qu'elle eût trouvé celui de Braine à Saint-Hubert, d'où elle s'en fut à travers champs passer le ruisseau de Soignies sur un pont, qu'on lui avoit fait, pour entrer dans la plaine du camp. 1691. SEPTEMBRE.

La cinquième colonne fut pour l'artillerie, les équipages de l'aîle gauche de cavalerie & ceux de l'infanterie. Cette colonne passa à Familleretix, suivit le grand chemin qui mene à Belle-tête, alla de là au moulin-à-vent de Naast, d'où elle prit un chemin qui conduit au fauxbourg de Soignies, & continua d'y marcher jusqu'au premier pont, qu'elle traversa pour entrer dans la plaine du camp.

La sixième & dernière colonne fut pour l'aîle gauche de cavalerie, laquelle, en partant de son camp, laissa Familleretix & la cense du Courier à droite pour aller à Boulan & ensuite à Megneau, d'où elle suivit le chemin de Naast & se rendit dans la plaine du camp.

L'armée campa sur deux lignes, la droite appuiée au ruisseau qui tombe de Cauchie-Notre-Dame à Horrues, la gauche au bois de Naast qui joint la haie du Rœux, le quartier général à Soignies, qui étoit couvert du côté de Braine-le-Comte par trois Régimens de Dragons.

Les ennemis avoient marché le 5. de Velaines à Meling & Thiméon. Il sembloit non seulement qu'ils voulussent, mais il paroissoit qu'ils dûssent d'autant plus se rapprocher de Bruxelles, que M. de Luxembourg campoit à Soignies dans le voisinage de cette place. Il étoit en état de les dévancer sur la Dendre; mais cela ne suffisoit pas pour assûrer le Comté de Chiny & la frontiè-

1691. SEPTEMBRE. re du Luxembourg contre les courses & les entreprises des Alliés. Les Généraux 't Serclas & Flemming étoient auprès de Namur, où ils pouvoient passer la Meuse & attaquer, conjointement avec les Hessois, le Corps que commandoit M. de Boufflers entre Givet & Dinant.

Afin de garantir cette frontière & de mettre M. de Boufflers en état de tenir la campagne, le Roi ordonna à M. d'Harcourt de le joindre avec environ deux mille chevaux qu'il avoit dans le Luxembourg. Cette jonction rendoit les troupes des ennemis fort inférieures en cavalerie.

Le 7. les ennemis s'étoient avancés à Braine-Lalleu, où ils avoient leur droite, & leur gauche à Bois-Seigneur-Isaac. Ils comptoient aller de là à Hall, ensuite à Ninove; mais M. de Luxembourg, qui avoit dessein de les prévenir, fit marcher le 8. son armée à Gammarache.

Marche de Soignies à Gammarache.

La marche se fit sur six colonnes. On sonna le boute-selle, & on battit la générale à la pointe du jour. La colonne de la droite fut pour l'aîle gauche de cavalerie, en commençant par Maignac. Elle prit le grand chemin de Naast à Braine-le-Comte qu'elle laissa à droite, alla au pont de Stordoy, suivit le chemin du petit Enghien, se rendit de là à la Justice d'Herines, traversa le village de ce nom, tint le ruisseau de Marcq à gauche, le côtoïa, & entra à la gauche de Tolbeeck dans la plaine du camp.

La seconde colonne fut pour l'aîle gauche d'infanterie, en commençant par le Maine. Elle sortit par le der-

derrière de son camp, prit des deux passages, que l'on avoit faits près de Chaufours, celui de la droite, gagna à travers champs le chemin de Soignies à Braine-le-Comte, & après avoir traversé le bois, elle tourna à gauche pour passer le ruisseau de Braine au petit Rœux. De là, tenant Steenkerke à gauche & le pont de Stordoy à droite, elle rencontra celui qu'on lui avoit dressé dans les prairies, se jetta ensuite dans les terres, se fit des issues dans quelques haies entre Warelle & le petit Enghien, poursuivit sa route, la cavalerie toujours sur sa droite, Enghien à sa gauche, & vint enfin d'Herines à Tolbeeck, d'où elle entra dans la plaine du camp.

1691. SEPTEMBRE.

La troisième colonne fut pour les équipages du quartier général & de l'aîle gauche de cavalerie, en commençant par le Maine, lesquels suivirent le chemin de Soignies à Steenkerke. Cette colonne passa au pont de la gauche, que l'on avoit fait sur le ruisseau de Soignies près de Chaufours, & de là au pont de Steenkerke. Laissant ensuite le village à droite, elle alla au château de Warelle, tint le chemin d'Hoves à gauche, marcha à la tête du parc d'Enghien, traversa la ville, passa à un moulin qui étoit à la gauche & au-dessous de Marcq, suivit le chemin de Tolbeeck, mit le village à sa droite pour arriver au ruisseau entre Tolbeeck & Gammarache, d'où elle entra dans la plaine du camp.

La quatrième colonne fut pour l'aîle droite d'infanterie, en commençant par Poitou. Elle prit par un pont qu'on avoit fait derrière la seconde ligne à la gauche du chemin de Soignies à Steenkerke, suivit le sentier de

1691. SEPTEMBRE. Soignies à Enghien, & étant arrivée à Blanc-Fossé, elle s'en fut à travers champs, laissant toujours le chemin d'Hoves à gauche, passer le ruisseau entre Hoves & le parc d'Enghien pour gagner Marcq. De là elle s'avança aux haies de ce village qu'elle tint à gauche, ainsi que celui de Gammarache, auprès duquel elle alla à travers champs jetter un pont sur le ruisseau, par où elle entra dans la plaine du camp.

La cinquième colonne fut pour l'artillerie, pour les bagages de l'aîle droite de cavalerie en commençant par la Maison du Roi, & pour ceux de la droite d'infanterie en commençant par Poitou. Cette colonne marcha à la cense de Longpont, laissa Cauchie-Notre-Dame à gauche, suivit la chaussée qui mene à Enghien, passa par le moulin de Belle-Croix pour aller à Hoves, prit de là le chemin de Marcq, traversa ce village & le ruisseau à Gammarache, d'où elle entra dans la plaine du camp.

La sixième & dernière colonne fut pour l'aîle droite de cavalerie en commençant par la Maison du Roi, qui, étant à cheval, s'avança au-delà du parc de l'artillerie, & passa le ruisseau, qui vient de Neuville, sur un pont qu'on avoit fait au-dessus de la cense de Longpont. De là elle marcha à Cauchie-Notre-Dame, & par le bois d'Enghien à la Belle-Eau. Puis laissant Marcq avec son ruisseau à droite pour aller à Saint Pierre, qu'elle mit du même côté, elle prit le chemin de Viane, d'où elle traversa le ruisseau, tint ensuite Grimminghen à gauche & arriva à Santberghe, où fut son camp.

La

1691. SEPTEMBRE.

La cavalerie, qui formoit la colonne de la droite sous la conduite de M. de Joyeuse, fit halte dans sa marche, afin de donner aux bagages, qu'elle couvroit, le tems de défiler. Il ordonna à 500. chevaux de se tenir entre le petit Enghien & Quenaaste, jusqu'à ce que le tout eût passé & fût hors de risque.

Pendant la marche des troupes du Roi, les Alliés passerent la Senne à Tubise & à Lembeeck, où ils camperent, aiant cette riviére derriére eux, leur droite à Hall, leur gauche aux censes de Vieille & Neuve-Court, & quelques troupes avancées à Haute-Croix. Ce mouvement engagea M. de Luxembourg à pousser jusqu'au-delà du ruisseau de Gammarache. Il porta son aîle droite jusqu'à Santberghe, fit camper le reste sur trois lignes, en appuia la droite à Gammarache, & commanda de jetter pendant la nuit, entre cet endroit & Ninove, huit ponts sur la Dendre, que l'armée passa le 9. au matin.

Marche de Gammarache à Appelteyren.

Elle marcha sur neuf colonnes. Les troupes, qui étoient campées à Gammarache, se mirent en marche deux heures avant le jour pour venir se mettre en bataille, la droite au-dessus du moulin de Grimminghen, & la gauche à celui de Pollaer, la droite faisant la gauche dans l'ordre de bataille.

L'artillerie, à l'exception de vingt piéces de canon qu'on réserva pour l'arriére-garde, forma la colonne de la gauche. Elle partit à minuit pour aller passer la Dendre à Grandmont. De Viane elle prit le chemin

1691. SEPTEMBRE. de Moerbeecke, laissa ce village à gauche, arriva à celui d'Actembecke, continua sa route à la droite d'Onckerzele, traversa Grandmont & sortit par la porte de Gand. Tenant ensuite Schendelbecke à droite, elle vint au moulin-à-vent d'Ighem, près duquel elle fit halte. Les Bombardiers marcherent à la tête de cette colonne, où l'on mit encore 100. Dragons, 200. chevaux & 400. hommes d'infanterie.

La seconde colonne fut pour les gros bagages qui étoient au quartier de Gammarache, lesquels, de même que l'artillerie, se mirent en marche à minuit. Cette colonne alla passer auprès du bois de Rachepaille, qu'elle mit à droite pour arriver à Onckerzele. Ensuite elle tint le grand chemin de Grandmont sur la gauche, & s'en fut descendre au pont de Schendelbecke, où elle prit le chemin d'Ighem qui traversoit le camp. On mit 100. chevaux & 400. hommes de pied à la tête de cette colonne.

Les menus bagages des troupes, qui étoient à Gammarache, formerent deux colonnes & passerent par des ouvertures qu'on leur avoit faites. Elles laisserent le bois de Rachepaille à gauche & le moulin de Grimminghen à droite, pour tomber au pont de l'Abbaye de Beaupré, & de là à celui que l'on avoit jetté près de Grimminghen. Après avoir passé la Dendre, ils allerent faire halte dans la plaine auprès d'Ighem. On plaça 400. hommes & 100. chevaux à la tête de cette colonne.

Les bagages des troupes, qui étoient campées à Santberghe, passerent au pont de ce village, & après avoir

voir traversé la Dendre, ils firent halte auprès d'Appelteyren. 1691. SEPTEMBRE.

Dès que tous les bagages eurent atteint l'autre côté de la rivière, la seconde ligne fit demi-tour à droite & marcha par les ponts qu'elle trouva derrière elle. La cavalerie de la droite passa au pont de Beaupré & à celui qu'on avoit construit entre cet endroit & Grimminghen; l'infanterie, au pont fait dans ce dernier village & aux deux qui en étoient les plus voisins, en tirant vers Santberghe; la cavalerie de la gauche, au pont le moins éloigné de là, & à ceux de deux villages, Santberghe & Ninove.

Lorsque toute la seconde ligne fut au-delà des ponts, la première ligne, faisant demi-tour à droite, traversa la Dendre dans le même ordre que la seconde.

Dès la veille on envoia vers le soir 400. chevaux du côté de Haute-Croix, pour être informé des mouvemens des ennemis. On détacha aussi des partis de cavalerie & d'infanterie, les uns du côté du petit Enghien & de Quenaaste, les autres dans les bois du petit Enghien.

L'armée campa sur deux lignes, la droite à Ninove, la gauche à Grandmont, & Appelteyren, où étoit le quartier général, entre les deux lignes.

On mit dans Grandmont trois bataillons, & autant dans Ninove. M. de Villars avec deux autres & la moitié de sa cavalerie assûroit à Renay la communication de l'armée avec les Lignes. La marche de l'armée du Roi à Ninove aiant anticipé celle des ennemis, ils al-

le-

1691. SEPTEMBRE. lerent successivement d'Enghien à Guillenghien. A peine ils y parvinrent, que M. d'Imecourt à la tête de 300. chevaux & de 100. Dragons eut ordre de mettre le Brabant sous contribution pour la seconde fois. Les Alliés pouvoient en faire autant dans le pays qui étoit couvert par les Lignes de la Trouille & par la rivière d'Haisne. On chargea M. de Bezons du soin d'y veiller. Il partit le 12. pour Mons avec six escadrons, auxquels il en ajouta six autres qu'il tira de la cavalerie qui étoit aux environs de la place.

M. de Luxembourg, informé que les Alliés avoient dessein de passer la Dendre sous Ath, fit jetter un grand nombre de ponts sur le ruisseau d'Acren, & tint tout en état pour occuper le camp de Lessines. Il y marcha le 13.

Marche d'Appelteyren à Lessines.

La marche se fit sur cinq colonnes. On sonna le boute-selle, on battit la générale à la pointe du jour, à cheval & l'assemblée une demi-heure après.

Tous les chemins étant préparés, la cavalerie marcha par escadrons de front, & l'infanterie par marches entières. L'aîle gauche de cavalerie forma la colonne de la droite. Dès qu'on sonna à cheval, cette aîle s'avança cinq cens pas devant elle, afin de laisser le chemin libre aux troupes qui devoient marcher sur la gauche. Cette colonne tint Saint-Jean-Emelverdighem à droite, Gemeldorp & Destinghe à gauche, alla par des ouvertures, que l'on avoit faites, passer entre Everbeeck & le moulin de Paricke, d'où, continuant sa marche, elle vint traverser le ruisseau d'Acren sur les ponts qu'on avoit jettés entre O-

Ogy & Wodecq, puis entra dans la plaine du camp, & en eût la droite. 1691. SEPTEMBRE.

La ſeconde colonne fut pour l'aîle droite d'infanterie, laquelle, partant de ſon camp, paſſa au moulin d'Ighem, de là à Deſtinghe, enſuite alla par des ouvertures entre Sarlardinge & Everbeeck, d'où, s'éloignant de Gouy ſur la gauche, elle s'en fut traverſer le ruiſſeau d'Acren au pont d'Ogy & à celui qui étoit au-deſſous, pour entrer dans la plaine du camp.

La troiſième colonne fut pour l'aîle gauche d'infanterie, laquelle ſuivit la tête du camp de la première ligne, & vint paſſer auprès des trois Etangs de Saint-Adrien, d'où, laiſſant Everbeeck à ſa droite & les blancs bois de Boelaer à ſa gauche, elle marcha par des ouvertures à Sarlardinge. Enſuite elle tint la chapelle de l'*Ecce-Homo* à ſa gauche, & après avoir traverſé le ruiſſeau ſur les ponts entre Gouy & Ogy, elle entra dans la plaine du camp.

La quatrième colonne fut pour l'aîle droite de cavalerie, laquelle, laiſſant Schendelbecke & Grandmont à gauche, marcha par les terres à Boelaer, qu'elle tint auſſi à gauche avec le grand chemin de Grandmont à Leſſines. Elle alla enſuite, par des ouvertures qu'on lui avoit faites, paſſer à Gouy & aux ponts qui étoient au-deſſous & le plus près de ce village, d'où elle entra dans la plaine du camp.

La cinquième colonne fut pour l'artillerie, ſuivie des gros équipages de l'aîle gauche de cavalerie & de ceux de la droite d'infanterie. Cette dernière colonne ſe rendit à Schendelbecke, puis à Grandmont, d'où elle ſui-

1691. SEPTEMBRE. vit le grand chemin qui va à Lessines, & passa au pont d'Acren pour entrer dans le camp.

Les gros équipages de l'aîle gauche d'infanterie & de l'aîle droite de cavalerie suivirent la quatrième colonne. Tous les menus bagages marcherent à la suite des deux colonnes d'infanterie. Outre les vieilles gardes, qui devoient faire l'arrière-garde des colonnes des bagages & de l'infanterie, on commanda 500. chevaux & 100. Dragons pour l'arrière-garde de l'armée.

On mit plusieurs partis d'infanterie dans les bois qui étoient sur la droite de la marche. On ordonna aussi à trois partis de cavalerie, de 50. Maîtres chacun, de se tenir sur la droite de l'armée & d'avoir l'œil sur ce qui pourroit venir du côté d'Oudenarde.

L'armée campa sur deux lignes, la droite vers la Hamaïde, la gauche à Lessines entre le ruisseau d'Acren & celui qui coule au moulin de Drimpont.

Ce même jour, 13. du mois, les ennemis passerent la Dendre entre Ath & Lexen. Ils y appuierent leur droite à la cense de Dendre, & leur gauche à Ligne, aiant un petit ruisseau à la tête de leur droite, celui de Ligne à leur gauche, & Ath derrière eux.

Comme le Prince d'Orange avoit paru desirer une action, & qu'il s'étoit vanté de faire quelque entreprise d'éclat pendant cette campagne, on crut que les deux armées ne s'éloigneroient pas sans en venir aux mains. Dans cette idée M. de Luxembourg renvoia la nuit du 13. au 14. ses gros équipages au-delà de l'Escaut; mais le Prince d'Orange ne cherchoit qu'à obliger l'armée du du Roi de s'éloigner de la Dendre & de repasser l'Escaut. 1691. SEPTEMBRE.

M. de Luxembourg étoit persuadé que s'il quittoit Lessines pendant que les Alliés étoient près d'Ath, difficilement les armées se rapprocheroient l'une de l'autre, & qu'ainsi la campagne finiroit sans aucun évenement remarquable. Il résolut de conserver son camp jusqu'à ce qu'ils prissent leur parti. En même tems il envoia ordre de former l'inondation de Tournai, afin d'empêcher les détachemens ennemis de pénétrer au-delà de l'Escaut.

Le Prince d'Orange fit une dernière tentative pour déterminer l'armée du Roi à quitter Lessines. La nuit du 16. au 17. il mena la sienne à Leuse, y mit sa gauche, appuia sa droite au ruisseau & au pont de la Catoire. Le lendemain, regardant la campagne comme finie, il remit à M. de Waldeck le commandement des troupes, & partit pour retourner en Angleterre.

M. de Luxembourg sachant les ennemis à Leuse, résolut d'entreprendre sur eux. Dès le lendemain de son arrivée à Lessines, il avoit eu la précaution de faire ouvrir des routes pour faciliter sa marche. Le 17. à huit heures du matin, il décampa avec son armée pour Renay.

Marche de Lessines à Renay.

La marche se fit sur cinq colonnes. L'aîle droite de cavalerie, qui formoit la gauche dans ce camp, eut la colonne de la droite. Elle passa le ruisseau d'Acren à Ogy & aux ponts les plus voisins de l'endroit, alla au moulin du Sablon, suivit de là le grand chemin de Renay,

1691. SEPTEMBRE. nay, & quand elle fut près de ce village, elle le laissa à droite pour se rendre à la droite du camp, où fut son poste.

La seconde colonne fut pour l'artillerie, pour les bagages de l'aîle gauche de cavalerie qui étoit campée près de la Hamaïde, & de la droite d'infanterie qui la joignoit. Cette colonne, qui en avoit une d'infanterie à sa gauche, laissa Wodecq à droite, traversa le village d'Ellezelles, suivit un chemin qui mene à la chapelle de la Trinité, passa au pied de cette chapelle pour descendre à Renay, & se trouva dans le camp.

La troisième colonne fut pour l'aîle gauche d'infanterie, laquelle défila par sa droite & côtoïa toujours l'artillerie. Elle tint la hauteur de Treastat à sa gauche, continua sa marche par des ouvertures qu'elle trouva faites pour aller à la chapelle de la Trinité, laissa ensuite la colonne de l'artillerie & cette chapelle à sa droite, & descendit à Renay où fut le camp.

La quatrième colonne fut pour l'aîle gauche de cavalerie qui avoit la droite dans le camp. Cette colonne mit le village de la Hamaïde à sa gauche & passa au moulin, d'où elle alla droit à Treastat. Elle continua sa marche par des ouvertures qu'elle trouva faites, & laissant Hubermont à gauche & une colonne d'infanterie à droite, elle descendit dans la plaine du camp.

La cinquième & dernière colonne fut pour l'aîle droite d'infanterie. Cette colonne passa dans la Hamaïde, laissa le moulin à droite, alla à Ronsart, à Hubermont & à la chapelle de Croix-à-Pile, d'où elle se rendit au camp.

Les

1691. SEPTEMBRE.

Les gros bagages des troupes qui faisoient la gauche dans ce camp, tant cavalerie qu'infanterie, passerent au pont d'Ogy, à celui de Wodecq, & prirent la queuë de la cavalerie, qui marcha au moulin du Sablon. Les menus bagages des troupes, qui étoient campées à la droite, prirent la queuë de la quatrième colonne, & ceux des troupes de la gauche celle de la troisième.

Outre les vieilles gardes, on commanda 500. chevaux, 200. Dragons & 600. hommes de pied pour faire l'arrière-garde de l'armée. On envoia des pelotons d'infanterie sur la droite & sur la gauche de la marche, lesquels ne rentrerent au camp que lorsque les bagages y furent arrivés.

L'armée campa sur deux lignes, la droite à Waudripont, la gauche à Beauveaux, & Renay, où étoit le quartier général, derrière le centre.

Le 18. l'armée marcha à Herines.

Marche de Renay à Herines.

La marche se fit sur cinq colonnes. On sonna le boute-selle, on battit la générale à la pointe du jour, à cheval & l'assemblée une demi-heure après.

L'aîle gauche de cavalerie fit la colonne de la droite, laquelle, laissant Renay à gauche, alla prendre le chemin de la rue de Berne, d'où, tenant Quaermont & Berchem à droite, elle vint passer au pont à Ronne, & de là au pont à Laye, où fut la gauche du camp.

La seconde colonne fut pour tous les gros bagages du quartier général, pour ceux de l'aîle gauche de cavalerie & de toute l'infanterie, lesquels traverserent le

1691. SEPTEMBRE. ruiſſeau de Renay par les paſſages qui étoient à la queuë de leur camp. Cette colonne, après avoir paſſé le ruiſſeau, alla à Ruſchenies qu'elle mit à ſa gauche, enſuite à Amougies où elle traverſa la Ronne, continua de là ſa marche par un chemin qui étoit dans les prairies, & arriva dans la plaine d'Eſcanaffe. Laiſſant enſuite le grand chemin d'Anſeroel à Eſcanaffe à ſa gauche, elle vint paſſer la Laye à un pont que l'on avoit fait à deux cens pas au-deſſus du pont à Laye, d'où elle entra dans le camp.

La troiſième colonne fut pour toute l'infanterie, laquelle, laiſſant le chemin de Renay à Waudripont à gauche, vint paſſer au pont de la cenſe de la Court pour gagner l'Egliſe d'Anſureuil ou Anſeroel. De là elle ſuivit le chemin de ce village au moulin d'Eſcanaffe; après quoi, pliant tout court à gauche, elle alla au pont que l'on avoit fait ſur la Laye, à deux cens pas au-deſſus de celui où paſſoit la colonne qui étoit à ſa droite, & de là elle entra dans le camp.

La quatrième colonne fut pour l'artillerie & pour les bagages de l'aîle droite de cavalerie. Elle alla paſſer à Waudripont, à Anſureuil qu'elle laiſſa à droite, à la cenſe aux Vieilles-Mottes, à Celle où elle traverſa la Laye, & ſuivit le chemin qui va à Pottes pour ſe rendre dans la plaine du camp.

La cinquième & dernière colonne fut pour l'aîle droite de cavalerie, laquelle vint paſſer au pont à Frahaut entre Dergniau & Aineres, alla de là à Arques & à Ogimont, continua ſa marche par Velaines & ſe rendit à l'Abbaye du Saulſoy près de Tournai, où fut ſon camp.

camp. M. de Villars s'y avança en même tems avec six escadrons.

On envoia trois partis d'infanterie dans les bois sur la droite de la marche pour veiller du côté d'Oudenarde, & on posta 150. hommes le long des bois entre la colonne de la droite & celle des bagages.

L'aîle gauche de cavalerie, qui passoit auprès de Quaermont, détacha 400. chevaux, qui couvrirent la marche des bagages du côté d'Oudenarde, & qui ne revinrent au camp que lorsque tous les équipages eurent passé la Ronne. L'armée campa sur deux lignes, la droite près d'Herines, la gauche au pont à Laye.

L'aîle droite & les troupes de M. de Villars ne furent pas plûtôt arrivées à l'Abbaye du Saulsoy, que M. de Marsilly, Enseigne des Gardes du Corps, avec 400. chevaux, partie de la Maison du Roi, partie de cavalerie legère, fut envoié à la découverte des ennemis. M. de Luxembourg, aiant appris pendant la nuit qu'ils devoient décamper le lendemain matin, se mit aussitôt à la tête de ces mêmes troupes qui étoient au nombre de 70. escadrons, dans l'esperance d'atteindre leur arrière-garde. Il prit le chemin de Tournai à Mons qu'il suivit jusqu'à Brasse, laissa ensuite ce village à droite, alla passer auprès de Ville-au-Puis, qu'il tint à gauche & Tourpe à droite, pour gagner la plaine qu'occupoient les ennemis entre le ruisseau de Leuse & celui de la Catoire. M. de Villars, qui dès le soir étoit allé joindre M. de Marsilly, manda à M. de Luxembourg qu'il voioit près de lui plusieurs troupes en bataille, & que l'ar-

1691. SEPTEMBRE. l'armée des Alliés achevoit de passer le ruisseau de Blicquy. M. de Luxembourg lui fit dire de ne point engager de combat qu'il ne fût arrivé. Aussitôt qu'il l'eut joint, il apperçut une ligne de quatorze à quinze escadrons qui formoient leur arrière-garde, & qui étoient de beaucoup supérieurs en nombre au Corps de M. de Villars. Il ordonna à la Maison du Roi d'avancer en toute diligence, la mit en bataille sur une seule ligne, porta sa droite à Tourpe, & étendit sa gauche jusqu'auprès de Leuse. Il plaça sur la droite les Régimens de Dragons du Roi & de Tessé, auxquels il fit mettre pied à terre pour prendre poste dans des haies qu'ils avoient vis-à-vis d'eux, & rangea à la gauche de la Maison du Roi trois escadrons de Merinville, afin de remplir tout le terrein où il alloit combattre. Le détachement de M. de Marsilly, qui devoit commencer l'engagement, étoit un peu en avant du centre de la ligne.

Les ennemis avoient leur cavalerie, la droite postée au-dessous de Chapelle à Watine, la gauche à la Chapelle d'Auvé. Ils s'étoient trompés à la première vûe, ils avoient pris les troupes de M. de Villars & de M. de Marsilly pour celles que M. de Bezons commandoit sous Mons. Ils furent bien étonnés lorsqu'en les examinant de plus près & les voiant grossir de moment à autre, ils reconnurent que c'étoit la Maison du Roi. Aussitôt ils firent repasser toute la cavalerie de leur aîle gauche, première & seconde ligne, en-deçà des défilés de Blicquy & de la Catoire. A mesure qu'elle y arriva, ils la rangerent en bataille & formerent cinq lignes der-

derrière cette arrière-garde. Cinq bataillons s'avancerent dans des haies qui étoient sur leur gauche, à l'opposite des deux Régimens de Dragons du Roi & de Tessé, lesquels fermoient la droite de la Maison du Roi. 1691. SEPTEMBRE.

Combat de Leuse.

M. de Luxembourg, jugeant que plus il différeroit d'attaquer, & plus il auroit de troupes à combattre, fit ébranler les Gardes du Roi pour charger les ennemis, avant que sa seconde ligne fût formée. Ceux-ci, rassûrés par une petite ravine qu'ils avoient devant eux, les attendirent de pied ferme, & firent leur décharge sur la Maison du Roi au moment même qu'elle se présentoit pour la passer. Mais bientôt elle franchit cet obstacle, & marchant à eux l'épée à la main, elle rompit leur première ligne & poussa successivement devant elle tout ce qui ôsa lui résister. Ce fut dans cette mêlée que l'on connut au juste la valeur de la Maison du Roi. Plusieurs de ses escadrons furent obligés de se partager en trois pour en charger trois des ennemis qui les attaquoient de front, & qui se jettoient dans les intervalles pour les prendre en flanc. Cette première ligne victorieuse gagna de cette manière jusqu'à la cinquième ligne des ennemis, qu'elle renversa. Néanmoins comme toutes ces charges avoient causé presque autant de desordre dans les troupes du Roi que dans celles des ennemis, M. de Luxembourg voulut qu'avant de pousser plus loin, les siennes se remissent en ordre. Pendant qu'on étoit aux mains, arriverent la Gendarmerie & la Brigade de Quadt, qui avancerent par les intervalles de la Maison du Roi pour achever la défaite des ennemis. Ils avoient encore une sixième ligne en bataille, à laquelle

1691. SEPTEMBRE. s'étoient joints beaucoup de fuyards; mais aux approches de la Gendarmerie, ils se retirerent précipitamment du côté des défilés de la Catoire & d'Andricourt, protégés par le feu des cinq bataillons qu'ils avoient postés dans les haies qui étoient à leur gauche.

M. de Luxembourg modéra l'ardeur de ses troupes pour éviter de tomber sous le feu de leur infanterie qu'on voioit revenir sur ses pas, & qui commençoit déja à border le ruisseau de Blicquy. Il resta plus d'une heure sur le champ de bataille, d'où il fit enlever les morts & les blessés. Enfin voiant les ennemis entiérement battus & repoussés au-delà des défilés, il prit le parti de ramener ses troupes à Tournai. La Gendarmerie, faisant demi-tour à droite, repassa dans les intervalles de la Maison du Roi, & quand elle fut à trois cens pas au-delà, elle présenta le front aux ennemis; ce que fit aussi la Maison du Roi. Après que les deux lignes eurent marché de cette manière pendant une demi-lieuë, toutes les troupes se mirent en colonnes & retournerent à la Saulsoye. On perdit dans cette action M. d'Auger, Lieutenant-Général fort estimé. Il fut tué en menant à la charge la gauche de la Maison du Roi. M. de Neuchelle, qui commandoit les Gardes du Roi, y fut aussi tué en passant le ravin que les ennemis avoient devant eux.

La perte des troupes du Roi fut d'environ quatre cens hommes tués, ou blessés. Celle des ennemis se monta à quatorze cens hommes ou à peu près, qu'ils laisserent sur la place. Ils en eurent près de quinze cens blessés, & du nombre de quatre cens prisonniers, que l'on fit sur eux,

eux, furent M. le Comte de Lippe, M. le Baron de Skelin, deux Colonels, deux Brigadiers & grand nombre d'Officiers de moindre rang. On leur prit trente-six étendards & deux paires de timbales. 1691. SEPTEMBRE.

Le lendemain de cette action il s'en passa une autre beaucoup moins considérable dans le pays de Luxembourg, & dont l'avantage fut aussi pour les troupes du Roi.

Les Généraux Flemming & 't Serclas, aiant été renforcés par le Landgrave de Hesse, résolurent de s'emparer de la Roche sur la rivière d'Ourte, de pénétrer dans le pays qui étoit sous la domination du Roi, & d'y lever des contributions. Ils passerent la Meuse à Namur, se rendirent à Marche en Famine, en partirent le 20. pour traverser la rivière d'Ourte & arriver de là à Hotton. M. de Boufflers campoit à Rochefort & les observoit de près. Afin de les inquiéter au passage de cette rivière, il détacha M. de Saint-Fremont avec six cens chevaux, & le suivit peu de tems après avec vingt escadrons. M. de Saint-Fremont saisit plusieurs occasions de charger les ennemis dans leur marche qui se faisoit sur deux colonnes, & renversa à différentes reprises quelques escadrons qui lui furent opposés. M. de Boufflers survint lorsque les ennemis retournoient sur leurs pas pour secourir leur arrière-garde. Ils s'arrêterent devant lui à dessein de se mettre en bataille, & n'ôserent ni poursuivre leur chemin, ni tenter le passage de la rivière. M. de Boufflers, qui étoit bien éloigné d'engager un combat avec des forces inégales, se retira, satisfait d'avoir obligé les ennemis d'abandonner leur pro-

1691. SEPTEMBRE. jet. Il se contenta de les harceler jusqu'à ce qu'ils prissent le parti d'aller repasser la Meuse à Huy.

Quelques jours avant le combat de Leuse, on avoit envoié à M. de Boufflers un renfort de neuf escadrons & de six bataillons. Peu de jours après, les ennemis aiant détaché six mille hommes à Namur & à Charleroi, M. de Rosen eut ordre d'aller à Mons avec quelque cavalerie pour assûrer d'autant plus cette place contre toute surprise.

Il est certain que M. de Luxembourg auroit marché à Leuse, s'il n'avoit voulu d'une part épargner de la fatigue à ses troupes, & ménager de l'autre le pays qui servoit à former les magasins de Condé & de Tournai. D'ailleurs le Roi aiant des desseins sur Nieuport, il étoit nécessaire que l'armée prît de bonne heure ses quartiers de cantonnement, afin d'avoir le tems de fortifier Furnes, Dixmude & Courtrai; places auxquelles on avoit travaillé trop tard l'année précédente. Aussi fut-ce pour cette raison que M. de Luxembourg passa l'Escaut le 24. pour camper à Hauterive.

Marche d'Hérines à Hauterive.

La marche se fit sur quatre colonnes; la droite forma la gauche dans le camp. On sonna le boute-selle, on battit la générale à la pointe du jour, à cheval & l'assemblée à huit heures du matin. Le campement & l'escorte pour le fourrage s'assemblerent à la tête du Mestre-de-Camp.

Tous les bagages se mirent en marche à la pointe du jour. Les bagages de l'aîle droite de cavalerie s'assemblerent au moulin-à-vent d'Herines, ceux de l'infanterie

rie à la tête de Navarre & de Champagne, & ceux de l'aîle gauche à la tête du Mestre-de-Camp. 1691. SEPTEMBRE.

Lorsque les troupes du campement & celles, qui étoient commandées pour l'escorte du fourrage, eurent traversé l'Escaut, les bagages de l'aîle gauche formerent la colonne de la droite, & passerent au pont fait à l'embouchure de la Laye, d'où, marchant le long de la prairie, ils prirent le chemin de Hauterive, & suivirent celui qui va à Awelghem, où fut leur camp.

La seconde colonne fut pour les équipages de l'aîle gauche d'infanterie, laquelle passa au pont fait au-dessous de Pottes, d'où elle se rendit à Bossu, qu'elle traversa pour aller au moulin-à-vent de Hauterive, où fut son camp.

La troisième colonne fut pour les bagages de l'aîle droite d'infanterie, laquelle passa au pont fait au-dessous de Pottes & le plus près de cet endroit, d'où elle alla en droiture au château de Bossu, & en laissa le village à gauche pour gagner le moulin-à-vent, où fut son camp.

La quatrième colonne fut pour les bagages du quartier général & pour ceux de l'aîle droite de cavalerie qui étoit venue joindre l'armée le 21. Cette colonne passa au pont fait près d'Espierre, alla de là à Helchin & ensuite à Bossu, où fut son camp.

Les troupes suivirent le chemin qu'avoient tenu les bagages. L'armée campa sur deux lignes, la droite appuiée au ruisseau qui passe entre Warmarde & Awelghem, la gauche tirant vers Helchin, le quartier général à Hauterive.

1691. SEPTEMBRE.

Après le combat de Leuse, les ennemis s'étoient retirés successivement à Cambron & à Grandmont, d'où ils comptoient s'avancer à Deinse pour gagner Furnes & Dixmude; mais M. de Luxembourg marcha le 27. à Saint-Eloy-Vive, où il étoit à portée de les prévenir.

Marche de Hauterive à Saint Eloy-Vive.

La marche se fit sur quatre colonnes. On sonna le boute-selle, on battit la générale une heure avant le jour, à cheval & l'assemblée dès qu'il commença tant soit peu à paroître. A la générale le campement s'assembla au moulin-à-vent d'Awelghem, devant la Brigade de Montfort.

On envoia six cens chevaux & deux cens Dragons couvrir la marche du côté d'Oudenarde. On commanda l'escorte de cavalerie & d'infanterie pour le fourrage qui devoit se faire en arrivant. Cette escorte, composée de 300. chevaux & de 600. hommes de pied, se trouva à la même heure & au même rendez-vous que le campement.

L'aîle gauche de cavalerie, qui faisoit la droite dans ce camp, forma la colonne de la droite; le Mestre-de-camp en eut la tête. Elle alla passer à Warmarde & de là à Castre, dont elle laissa l'Eglise à droite. Elle marcha ensuite à Anseghem, à Worteghem, & de là à Cruyshouten qu'elle tint à droite pour se rendre entre Mackelen & Olsene, où fut son camp. Les Dragons du Roi marcherent à la tête de cette colonne, les Dragons de la Reine après la Brigade de Montfort, & ceux de Grandmont en firent l'arrière-garde. Il fut défendu à quelque bagage que ce fût de suivre la marche de ces troupes.

La

La seconde colonne fut pour l'infanterie. Champagne en eut la tête, & fut suivi du reste de la première ligne ainsi qu'elle étoit campée, & de la seconde ligne dans le même ordre que la première. Cette colonne alla du moulin-à-vent d'Awelghem à celui de Tighem, & de là au cabaret des trois Rois. Elle passa ensuite auprès de Potteghem qu'elle laissa à gauche pour arriver à Zulte, où fut son camp. 1691. SEPTEMBRE.

La troisième colonne fut pour l'artillerie, le quartier général, les bagages de l'aîle gauche qui faisoit la droite dans le camp, & pour ceux de l'infanterie, lesquels s'assemblerent au centre de la première ligne pour prendre de là la queuë de l'artillerie qui passoit à Hestrud, à Otteghem, à Niewenhof & à Wareghem, où elle traversa le ruisseau de Saint-Eloy-Vive pour aller à Capelle-Tendal, où fut son camp.

La quatrième & dernière colonne fut pour l'aîle droite qui faisoit la gauche dans le camp. Elle fut suivie de ses bagages, lesquels s'assemblerent à la tête du village de Bossu, & suivirent pour leur marche le même ordre que tenoient leurs troupes. La Maison du Roi eut la tête de cette colonne, laquelle alla passer à Moenen, ensuite à Derlick, laissa Zuevelghem à gauche, alla de là à Saint-Eloy-Vive, où elle passa le ruisseau pour entrer dans le camp.

On commanda six cens hommes de pied pour l'escorte des bagages, dont quatre cens eurent leur rendez-vous au centre de la première ligne, & les deux cens autres à la tête du village de Bossu; les vieilles gardes firent l'arrière-garde des trois colonnes de la gauche.

En

1691. SEPTEMBRE.

En arrivant, l'aîle gauche fourragea les villages de Mackelen, Petteghem, le fauxbourg de Deinse, Asten & Maelstapel; l'infanterie, le village d'Olsene; l'aîle droite Wareghem, Potteghem, Nieuwenhof & Desselghem.

On envoia deux partis d'infanterie & trois de cavalerie sur la droite de la marche. On fit partir un détachement pour lever les ponts de Deinse, & empêcher que personne n'y entrât.

L'armée campa sur deux lignes entre Harlebeck & Deinse, la droite appuiée au village de Saint-Eloy-Vive, la gauche à Mackelen, la Lys derrière le camp.

OCTOBRE.

Le 4. Octobre on construisit plusieurs ponts de bateaux sur la Lys. Huit bataillons allerent occuper Furnes & Dixmude. Le 8. l'armée fut cantonnée entre la rivière & cette dernière place.

Marche de Saint-Eloy-Vive aux quartiers de cantonnement.

La marche aux cantonnemens se fit sur trois colonnes. Celle de la droite, composée des quartiers de Sarne, Hoochleede, Beveren, Inghelmunster & Wacken, passa à un pont fait à Olsene.

Chaque quartier, tant cavalerie qu'infanterie, s'assembla séparément pour ne former qu'un Corps.

Les quartiers de Sarne, Hoochlede & Beveren se rendirent au pont une heure avant le jour, & défilerent dans l'ordre que l'on vient de dire. Le quartier d'Inghelmunster s'y rendit à deux heures du matin. Celui de Wacken fit l'arrière-garde de cette colonne, attendit que tous les bagages fussent passés pour lever le pont; après quoi il fournit une escorte qui conduisit les pontons au lieu assigné. Cette colonne, après avoir traververſé la Lys à Olſene, alla à Marckeghem, à Meulebeck, à Beveren, à Hoochlede & à Sarne. A meſure que chaque troupe arriva à hauteur de ſon quartier, elle quitta la colonne pour s'y rendre. Chaque quartier fut ſuivi de ſes bagages, leſquels marcherent à la queuë de chaque eſcadron & de chaque bataillon avec des eſcortes particulières.

1691. OCTOBRE.

Le ſeconde colonne, formée des quartiers de Staden, de Roosbecke, de la Châtellenie d'Ypres, de Paſchendale, de Rombeecke, d'Iſenghien & de Saint-Baefs-Vive, paſſa à un pont fait près de Zulte. Les quartiers de Staden, de Roosbecke & de Paſchendale ſe rendirent au pont une heure avant le jour; ceux de Rombeecke & d'Iſenghien à une heure du matin. Celui de Saint-Baefs-Vive fit l'arrière-garde de cette colonne, & attendit que les troupes avec tous les bagages fuſſent paſſées. Enſuite il fit lever les ponts & donna une eſcorte aux pontons, qui furent conduits au lieu preſcrit. Cette colonne, aiant traverſé le pont près de Zulte, marcha de Wacken à Roosbecke, d'Inghelmunſter à Iſenghien, de Kactem à Rouſſelaer, & de la gauche de ce village à Staden. Lorſque les troupes furent à hauteur de leur quartier, elles quitterent la colonne pour s'y rendre.

La troiſième colonne, compoſée des quartiers de Moorſlede, d'Ooſt-Nieukerke, de Rouſſelaer, de Rombeecke, de Rolleghem, de Lendelé, d'Oyeghem & de Vilsbecke, paſſa à un pont fait entre Zulte & Capelle-Tendal. Les troupes des quartiers de Moorſlede & de Nieukerke ſe trouverent au pont à la petite pointe du jour, celles de Rouſſelaer & de Rombeecke à une heure, celles de

 Rol-

1691. OCTOBRE. Rolleghem & de Lendelé à deux heures du matin. Les troupes d'Oyeghem & de Vilsbecke firent l'arrière-garde de cette colonne, attendirent que toutes les troupes avec les bagages fussent passées pour faire lever les ponts, & conduire les pontons au lieu marqué. Dès que cette colonne eut traversé la Lys, elle alla à Saint-Baefs-Vive, à Lendelé, à Rombeecke, à Rousselaer & à Nieukerke.

Ainsi marcherent les troupes, dont chaque quartier, tant de cavalerie que d'infanterie, forma un Corps particulier, aiant ses bagages dans les intervalles des bataillons & des escadrons, & quittant leurs colonnes à hauteur des lieux de leurs cantonnemens respectifs.

ETAT DES QUARTIERS DE CANTONNEMENT.

PREMIERE LIGNE.

Villages.	*Noms des Régimens.*		
WACKEN.	Locmaria.	3.	6. Escadrons.
	Fiennes.	3.	
	Stoppa l'aîné.		3. Bataillons.
ROOSBECKE.	Quadt.	3.	5. Escadrons.
	Chartres.	2.	
	La Reine.		2. Bataillons.
INGHELMUNSTER.	Commissaire Général.	3.	9. Escadrons.
	Saint-Simon.	3.	
	Imecourt.	3.	
	Stoppa le jeune.	3.	5. Bataillons.
	Fusiliers.	2.	
ISENGHIEN.	Le Roi.		3. Bataillons.

Rous-

ROUSSELAER.	Gardes Françoises.	4.	6. Bataillons.
	Gardes Suisses.	2.	
	Grenadiers à cheval.		1. Escadron.
	Maîtres, avec un Lieutenant-Colonel.		100.
OOST-NIEUKERKE.	Dragons de la Reine.		3. Escadrons.
	Bombardiers.		1. Bataillon.
BEVEREN.	Dragons du Roi.		3. Escadrons.
	Les Vaisseaux.		2. Bataillons.
HOOCHLEDE.	Cravates.	3.	6. Escadrons.
	Montrevel.	3.	
	Navarre.		2. Bataillons.
STADEN.	Romainville.	3.	6. Escadrons.
	Bezons.	3.	
	Vaubecourt.	1.	3. Bataillons.
	Humieres.	1.	
	Ponthieu.	1.	
SARNE.	Royal Piémont.	3.	6. Escadrons.
	Pracontal.	3.	
	Le Maine.	1.	2. Bataillons.
	Poitou.	1.	

SECONDE LIGNE.

Villages.	*Noms des Régimens.*		
SAINT-BAEFS-VIVE.	Rohan.	2.	5. Escadrons.
	Rassent.	3.	
VILSBECKE.	Coislin.		3. Escadrons.
OYEGHEM.	Noailles.	3.	6. Escadrons.
	Bissy.	3.	

1691. OCTOBRE.

LENDELE.	Du Rosel.	3.	5. Escadrons.
	Aubusson.	2.	
ROLLEGHEM.	Maignac.	3.	5. Escadrons.
	Condé.	2.	
ROMBEECKE.	Royal Roussillon.	3.	8. Escadrons.
	Royal Etranger.	3.	
	Praslin.	2.	
MOORSLEDE.	Mestre-de-Camp-Général.	3.	8. Escadrons.
	Le Maine.	2.	
	Rottembourg.	3.	
PASCHENDALE.	Bourgogne.	3.	5. Escadrons.
	Furstemberg.	2.	
ROOSBEEKE.	Courtebonne.	3.	5. Escadrons.
	Esclainvilliers.	2.	
CLERKEN.	Langallerie.		3. Escadrons.
WOMER.	Gendarmerie.		8. Escadrons.
MERKEM.	Maison du Roi.		4. Escadrons.
	Noailles.	2.	
	Luxembourg.	2.	
LANGEMARCK.	Duras.	2.	6. Escadrons.
	Lorges.	2.	
	Gendarmes.	1.	
	Chevaux Legers.	1.	
DIXMUDE ET ESSENNE.	Dragons de Gramont.		3. Escadrons.
	Champagne.	1.	3. Bataillons.
	Royal Italien.	1.	
	Le premier Bataillon de Porlier.	1.	

COUR-

COURTRAI.	Guiche.	1.	6. Bataillons.
	Vermandois. . . .	1.	
	Greder, Suisse. . .	3.	
	Le troisième de Porlier.	1.	
AUX LIGNES D'ESPIERRE.	Dragons de Tessé. .	3.	Escadrons.
	Orléans.	1.	3. Bataillons.
	Greder, Allemand. . .	2.	
D'OTTIGNIES.	Nivernois. . . .	1.	2. Bataillons.
	Perigueux.	1.	

Il y eut dans chacun des quartiers, qui étoient en première ligne, une charrette chargée d'outils, lesquels ne devoient être distribués qu'en cas d'affaire. Dès la veille, les Majors d'infanterie eurent soin d'envoier querir cette charrette au parc de l'artillerie, & d'y mettre la garde nécessaire, afin d'en répondre.

Les troupes des quartiers de Wacken, de Vilsbecke, de Roosbecke, de Saint-Baefs-Vive & d'Oyeghem prenoient le pain aux caissons qui étoient à Oyeghem, & alloient à la viande au même endroit. Celles, cantonnées à Inghelmunster, à Lendelé & à Rolleghem, alloient au pain & à la viande à Lendelé, où il y avoit une partie des caissons & une boucherie. Celles d'Isenghien, de Rousselaer, de Moorslede, d'Oost-Nieukerke, de Beveren & de Hoochlede se fournissoient de pain & de viande à Rousselaer; celles de Staden, de Roosbeecke, de Paschendale & de Sarne à Staden; celles de Langemarck, de Womer & de Merkem dans ce dernier village.

1691. OCTOBRE.

Ordre que les troupes, cantonnées en seconde ligne, avoient à observer pour doubler sur les quartiers de celles qui étoient en première, en cas d'allarme, & Précautions que devoit prendre chaque quartier pour sa sûreté.

Les troupes de Vilsbecke avoient ordre de doubler sur le quartier de Saint-Baefs-Vive; celles d'Oyeghem sur celui de Roosbecke; celles de Rolleghem & de Lendelé sur Isenghien; celles de Rombeecke & de Moorslede sur Rousselaer; celles de Roosbecke & de Paschendale sur Nieukerke, où étant arrivées, elles devoient se tenir prêtes à marcher au premier ordre à Rousselaer avec le quartier de Nieukerke. Les troupes de Langemark devoient doubler sur Hoochlede; celles de Merkem sur Staden; enfin celles de Klerken & de Womer sur Sarne.

Toutes ces troupes avoient ordre de se mettre en marche au bruit du canon que l'on tireroit au quartier de Rousselaer, & au même signal que l'on donneroit à Inghelmunster, les quartiers de Vilsbecke, d'Oyeghem, de Lendelé & de Rolleghem devoient y marcher sur le champ.

Il fut réglé que dans chaque quartier on poseroit jour & nuit au haut du clocher deux sentinelles, qui veilleroient à la sûreté du quartier, & découvriroient de jour ceux qui en approcheroient; qu'en cas qu'elles ap-

apperçussent des troupes, elles feroient d'abord avertir le Commandant du quartier, qui en prendroit connoissance; que si c'étoit un Corps considérable que l'on connût être véritablement des ennemis, il enverroit en avertir les quartiers voisins, & sur-tout ceux qui devoient doubler sur le sien. 1691. OCTOBRE.

Il étoit aussi ordonné, dès qu'on découvriroit quelques troupes, d'en donner avis par une fumée pendant le jour, & la nuit par des feux au haut du clocher; que les autres sentinelles repeteroient ces signals d'un clocher à l'autre, afin que tous les quartiers se tinssent sur leurs gardes, & que ceux, qui devoient doubler, fussent prêts à marcher, en attendant le bruit du canon de Rousselaer.

Il fut commandé aux quartiers, qui étoient en première ligne, de tenir toutes les nuits de petits partis d'infanterie devant eux, & de les faire rôder depuis le quartier qu'ils avoient à leur droite, jusqu'à celui qui étoit à leur gauche. On rompit les ponts sur le ruisseau qui est à la tête de Sarne, ainsi que ceux sur la Mandelle, étant trop éloignés des quartiers pour être gardés. On alla même en reconnoître & détruire les gués, que l'on recommanda aux petits partis de battre avec plus d'exactitude pendant la nuit.

M. de Locmaria fut chargé d'examiner l'Eglise ou le château de Wacken, & supposé que l'endroit fût un poste tenable, il devoit y mettre dix hommes dans le clocher, & placer deux cavaliers auprès de l'Eglise, exprès pour informer le quartier de Saint-Baefs-Vive de ce que les sentinelles découvriroient de la part des ennemis.

1691. OCTOBRE. mis. Il avoit encore ordre d'élever une redoute derrière le pont du village pour y loger trente hommes.

Le quartier de Saint-Baefs-Vive pouſſoit ſes petits partis depuis la Lys juſqu'à Roosbecke, au-delà de la Mandelle; Roosbecke, depuis Wacken juſqu'à Inghelmunſter; Inghelmunſter, depuis Roosbecke juſqu'à Iſenghien. Ce dernier quartier, qui avoit un poſte d'infanterie aux clochers de Kaċtem & d'Emelghem, envoioit ſes petits partis depuis Inghelmunſter juſqu'à Rouſſelaer; Rouſſelaer, depuis Iſenghien juſqu'à Beveren; Beveren, depuis Rouſſelaer juſqu'à Hoochlede; Hoochlede, depuis Beveren juſqu'à Staden.

Staden avoit un poſte à Wolmerbeecke, un autre à Ter-Heeſt, & détachoit ſes petits partis depuis Hoochlede juſqu'à Sarne.

Sarne avoit des poſtes d'infanterie dans les clochers ou châteaux ſur le ruiſſeau & à la tête de ce quartier, outre un poſte à l'Egliſe d'Eſſenne, d'où il faiſoit aller ſes partis juſqu'à Staden en-deçà de ſon ruiſſeau.

On eut grand ſoin de bien inſtruire ces partis de ce qu'ils avoient à faire, & de les envoier à la guerre toutes les nuits à différentes heures. Ils avoient un mot qui leur étoit commun, & qui ſe portoit avec l'ordre que l'on envoioit du quartier général, afin qu'ils puſſent ſe reconnoître dans leur rencontre.

Il fut ordonné que dans chaque quartier il y auroit des Officiers par bataillons & par eſcadrons qui veilleroient à la ſûreté du cantonnement, que l'on y feroit des patrouilles pour prendre garde au feu, & que les Commandans des quartiers poſeroient des gardes, tant de de cavalerie que d'infanterie, où ils les jugeroient nécessaires. 1691. OCTOBRE.

On défendit à tous soldats, Cavaliers & Dragons, sous peine de la vie, d'enlever ni meubles, ni bestiaux, bien moins encore de rançonner les paysans. On fit encore défense de toucher à leurs bleds, & à rien de plus qu'au foin, à la paille, à l'avoine; & cela suivant le réglement, dressé par les Commissaires du quartier.

Il fut recommandé aux Commandans respectifs d'envoier de tems à autre des Officiers & des Cavaliers dans les fermes dépendantes de leurs quartiers, pour voir s'il ne s'y faisoit rien contre la discipline ou la raison, & pour empêcher que les troupes des autres quartiers ne pillassent les leurs.

Afin d'assûrer d'autant plus les cantonnemens, on donna la garde du pont d'Harlebeck à la garnison de Courtrai, & depuis cette place jusqu'à Wacken, on assembla sur la rive gauche de la Lys toutes les barques qui furent trouvées sur cette rivière. On en confia le soin aux quartiers les plus voisins de l'endroit.

Le 3. Octobre les ennemis envoierent des troupes à Gand, à Bruges & à Oudenarde. Ils se séparerent pour entrer dans leurs quartiers d'Hyver peu de jours après que l'Armée du Roi fut cantonnée, laquelle commença à prendre les siens le 20. du mois.

M. de Boufflers, qui eut le commandement général de la frontière, mit des garnisons dans Thuin, Walcourt & Beaumont, pour tenir en bride celle de Charleroi, qui auroit pû infester le Hainaut par ses courses. Entre la Lys & l'Escaut, il fit occuper en avant des

1691. OCTOBRE. Lignes les châteaux d'Elchin, de Moenen & de Zuéveghem, afin d'empêcher les garnisons de Gand & d'Oudenarde de s'en approcher, sans qu'on en fût promptement averti.

Les ennemis tinrent pendant l'Hyver des troupes à Deinse; celles du Roi se logerent dans Courtrai, Furnes & Dixmude. On mit aussi un poste à la vieille Abbaye des Dunes près de la mer, & on prit le parti de garder le Canal de Loo, au-lieu des Lignes d'Honscote.

Depuis la Lys jusqu'à la mer commandoit M. de la Mothe, aiant sous lui M. de Chevilly, Lieutenant de Roi d'Ypres, & M. d'Avejan; le premier depuis Commines jusqu'au Fort de la Knocke; le second depuis ce Fort jusquà la mer. M. de Villars gardoit l'Escaut & les Lignes depuis Espierre jusqu'à la Lys; M. de Ximenès protégeoit celles de la Trouille & le Hainaut; M. de Guiscard veilloit sur la Meuse. Enfin les troupes de part & d'autre se tranquilliserent dans leurs garnisons, & l'Hyver s'écoula en repos.

FIN du Tome Second.

www.ingramcontent.com/pod-product-compliance
Lightning Source LLC
Chambersburg PA
CBHW071757090426
42737CB00012B/1854
* 9 7 8 2 0 1 4 5 2 2 4 8 8 *